対話で創るこれからの「大学」

監修
大阪大学COデザインセンター

大阪大学出版会

序奏　社会と学知の統合にむけて

現代社会は、地球環境の悪化、資源の枯渇、宗教や民族間対立などの地球規模の課題に限らず、さまざまな領域で多様なスケールの、未知で複雑で困難な課題に直面しています。このような社会に安定的な持続可能性を取り戻すためには、科学技術の進展のみならず、人や世のあり方についての深い思索も求められています。

そして、知の生産を担ってきた大学は、教育、研究活動に、さらに社会貢献活動を加えた今日的な大学の「すがた」を探究しつつ、それを超えていくことが重要な使命の一つになりつつあります。

そのような背景のもと、二〇一六年七月、大阪大学に新しい教育研究のためのセンターである「COデザインセンター」が発足しました。

COデザインセンターの英語名称は、Center for the Study of Co＊Design です。この「co－star」のスター、つまり記号の「＊（アスタリスク）」にはさまざまな綴りが入り、単語を形成します。Crossing Borders（超域）、Communication（対話）、Collaboration（協働）、Compilation（編集）、Co－creation（共創）、Concerto（協奏）がその代表的なものであり、COには、センターの機能と役割を示す多くの意味が込められています。また、「Design」は、それらの単語が意味する世界をデザインすること、創造することを示しています。

では、このCOデザインセンターが担う大阪大学での教育とは、どのようなものなのでしょうか。大学の中では、通常、学部や研究科という縦の専門性の中で教育が行われます。一方で私たちCOデザインセンターが提供する教育は、さまざまな専門を学ぶ教員や学生が一堂に会し、共に考え、問題を再定義し、解決の方法を見いだすスタイルのものです。時にはその学び方自体をも、共に考え、人類が直面する多くの課題に対しての新しい「構え」を身につけられるような教育の場の形成を目指しています。

そのような教育により獲得される力を私たちは、「高度汎用力」と名づけました。「高度汎用力」とは、前述のような「未知で複雑で困難な課題の解決を先導するための力」ですが、それを構成する要素の詳細や、その教育プログラムの内容については、まだまだ私たちも試行錯誤の中にあります。

本書は、その「高度汎用力」のあり方について、大学の中という「閉じた」ところだけで議論するのではなく、大学の外という「開かれた」場所で、さまざまな方々と意見を交わし、イメージを共有しながら、新しい教育の形を考え続けてきたひとつの記録です。

COデザインセンターが誕生してちょうど一年が経過するタイミングで、本書を発行できることをとても嬉しく思います。ただこれは、集大成ではなく、スタートです。これからも、これからの大学があるべきすがたやその教育の形について、みなさんとの対話を続けながら、活動を展開していきたいと考えています。

二〇一七年八月　　大阪大学COデザインセンター

対話で創るこれからの「大学」 目次

第1楽章

知の協奏と共創

社会の「公器」としての大学

対談者　馬場正尊（建築家／Open A 代表取締役／東京R不動産 ディレクター）
　　　　小林傳司（大阪大学 理事・副学長）
司　会　八木絵香（大阪大学COデザインセンター 准教授）

変わりゆく社会のもと、「大学」という組織も社会との新しい関係を生み出すべく、変革が求められるようになってきました。「変わる」ためには、これまでの常識を問い直すこと、新しい価値を見出すことから始めることが必要です。「既存の常識をいったん解体して再編集・再構築する」という観点から、公共空間の創造と向き合っている建築家の馬場正尊さんをゲストに迎え、「公の器」すなわち公共性をもった空間として、これからの大学はどうあらねばならないのか、また大学を公共空間として機能させるために建築家はどんなことができるのか、といった課題や可能性を考えました。

対談者プロフィール

馬場正尊［ばば まさたか］

1968年佐賀県生まれ。1994年早稲田大学大学院建築学科修了。博報堂で博覧会やショールームの企画などに従事。その後、早稲田大学博士課程に復学。雑誌『A』の編集長を経て、2003年Open Aを設立。建築設計、都市計画、執筆などを行う。同時期に「東京R不動産」を始める。2008年より東北芸術工科大学准教授、2016年より同大学教授。建築の近作として「観月橋団地」(2012)、「道頓堀角座」(2013)、「佐賀県柳町歴史地区再生」(2015)など。近著は『PUBLIC DESIGN 新しい公共空間のつくりかた』(編著、学芸出版社 2015)、『エリアリノベーション 変化の構造とローカライズ』(編著、学芸出版社 2016)。

小林傳司［こばやし ただし］

1954年京都市生まれ。1978年京都大学理学部卒業。1983年東京大学大学院理学系研究科科学史・科学基礎論専攻博士課程修了。専門は科学哲学、科学技術社会論。市民参加型テクノロジーアセスメントである「コンセンサス会議」を日本に紹介して実施した。2001年、科学技術社会論学会の設立に参加した。著書に『公共のための科学技術』(編著、玉川大学出版部 2002)、『誰が科学技術について考えるのか』(名古屋大学出版会 2004)、『トランス・サイエンスの時代』(NTT出版 2007)など。

司会　今日は、大学における教育というものを横軸におきながら、もう一つ「公器」という視点を縦軸においてお話を進めたいと考えています。まずは馬場さんから自己紹介も兼ねて、これまでのお仕事を簡単にご紹介いただけますか。

馬場　僕は主に東京で「Open A」（注1）という設計事務所をやっています。同時に、山形にある東北芸術工科大学で、八年前から先生をしています。また、ひょんなことから「東京R不動産」（注2）というちょっと変わった不動産仲介ウェブサイトも運営しています。

建築家としては、この一〇年ほど古い建物を再生するリノベーション（注3）の仕事をたくさんやってきました。それ以前にはリノベーションという言葉はありません。従来、日本の建築教育はピカピカの建物を建てる技術を教えるだけだったので、僕自身もそういう勉強しかしていませんが、今は倉庫だったところをオフィスにしたり、ボロボロだったところを住居にしてみたり、今までの日本の建築＝新築の概念とは全然違うやり方で空間をつくっています。

例をお見せしますと、「普通過ぎて味気ないから、無理」と思った建物の屋上にすばらしい風景があったので住宅にしたのがこのビルです（写真1、2、3）。構造計算をして壊せる壁はぶっ壊して、眺めのいい最上階の天井にちょっとだけ穴をあけて屋上にお風呂をつくりました。それで「都会のビルの屋上は最高の庭だ」なんてうたうと、ビルの価値が跳ね上がりました。

これは京都の観月橋団地です（写真4、5、6、7）（注4）。小林先生もここで小さい頃遊んでいたそうですが、高齢化で四～五階は空室が増えていたんですよ。若いスタッフが「かわいい」と言うので、懐かしい団地の扉も残しています。土間があるプランをつくってみたり、団地という響きを残しながら、団地を再解釈してちょっとノスタルジックにすると、ガラガラだった団地も入居競争率三倍〜五倍になりました。

司会　馬場さんは『ＲｅＰＵＢＬＩＣ 公共空間のリノベーション』(注5)という著書も出されているように、学校や役所などいろんな公共空間のデザインや空間づくりをとおして、公共性というものも見直されていますね。

馬場　その本は、次にリノベーションすべきなのは公共空間なんじゃないかという問題意識をもって三年前に企画書のつもりで書きました。去年出した『ＰＵＢＬＩＣ ＤＥＳＩＧＮ』(注6)は、実際に公共空間をアクティブにつくっている人たちが何を考えているかをインタビュー集にしたものです。その問題意識

写真１・２・３：都心のビルの屋上にお風呂を配したリノベーションの事例。リノベーション前（写真１）と後（写真２、３ ©Daici Ano）。

としてあったのは、資本主義が行き過ぎて所有欲が強くなり過ぎたために、プライベートとパブリックの間に強い線が引かれてしまっているということでした。そして今興味をもっているのは、その間をギュッと広げて中間的な領域、いわゆる「コモン領域」がつくれないかということで、ここが今は最もアクティブで魅力的な空間なんじゃないかなと思っています。今日の「公器」というキーワードも、まさにそうした空間と関係していて、パブリックとプライベートが混在する中間的な領域や空間に、何か次の時代の大きな可能性があるんじゃないかなと思ってやってきました。

小林　お話を聞いて、今、一番おもしろい議論をしている人が建築家に多いことを実感しています。建築

写真４・５・６・７：2012年、大幅なリノベーションにより再生した京都伏見区の観月橋団地。リノベーション前（写真４・５）と後（写真６・７）。

構造について、歴史的にはプライベートな空間としての家と外側のパブリックな空間が現在のようにシャキッと切れているのではなく、キワ（際）のような部分が建築の中に組み込まれていた時代がいっぱいあって、こういうものを振り返りつつ、今、プライベートというものを再定義しないといけないという気がします。

近代は、プライベートを非常に強くした時代で、日本の場合、土地の所有権がそうですね。「地球の中心まで私のものだ」というような感覚で動くし、地表面に関しても個人の敷地内に関してはどう使おうと所有者の勝手という議論がずっと長くあった。でも、景観のコントロールをする自治体がかなり増えてきたという記事を新聞で見かけたり、流れとしてはプライベートな地権を町並みや景観に合わせて制限することを考えるような方向になってきていることを感じます。

所有の欲望と競争を離れた時代

小林　もう一つ、リノベーションのお話を聞いて思い出したのは、ロンドンのピカデリーにある非常に有名な建物群です。明治維新の直後、岩倉使節団がヨーロッパを訪問したときのエッチング版画にも記録されているその大きな建物群が今も見事に残っていて、しかも内部はモダナイズされている。ああいう建築物がヨーロッパには非常に多く見られますが、日本の場合はスクラップ・アンド・ビルドでやってきたので、伝統的にほとんどないと思うんです。そういう意味で今のリノベーションはどのぐらいもちますか。観月橋団地なんて、一九六〇年代にできた建物群ですよね。

馬場　今、コンクリートの強度の限界は七〇〜八〇年ととりあえず設定されているので、あと二〇〜二五年ぐらいもつかと思います。

小林　すると日本の場合、結局はもう少し大がかりな景観の変更を視野に入れた形でまちづくりを考えなくてはいけない。

馬場　そうですね。やっぱり民族の性質として、スクラップ・アンド・ビルドがしみついていると思います。江戸なんか火事が多くて、頻繁に建て直すことで経済の活性化を促していたわけですから、経済の構造とか都市や建物に対するメンタリティが大分違う。

土地所有の話を聞いて最近すごく感じるのは、土地本位制の崩壊ですね。それは象徴的にパブリックとプライベートの価値観が揺さぶられていると思うんです。最近、地方都市の仕事をしていて土地の値段がゼロ円になっている現象をみかけることがあります。もっと言うと、所有していると固定資産税を払わなければいけないのでマイナスです。昔は土地の値段は上がるとばかり思っていたし、土地をたくさんもっている人がお金持ちだと思っていたけれど、今は特に地方都市では土地をもっている人は負債を抱えているのと同じで、それこそはるか昔の三世一身の法（注7）から続いてきた日本の土地本位制の概念が、人口減少によって崩壊し始めている。そうなると土地を所有したいという欲望、欲求が根底から変わる可能性があることを感じています。

司会　人びとの所有の欲求は土地に限らず下がっているはずなのに、パブリックとプライベートの線引きはどんどん高くなっているような気もします。それについてはどうでしょうか。

馬場　大学の学生たちをみていると、昔は競争意識もあり、「おれの」という所有欲もすごく強かったのですが、今の世代は強く所有したがらない。そのかわりがシェアです。シェアハウスが大好きだし、友達と共有する時間とか空間を楽しもうとする二〇代が圧倒的に増えていて、逆に所有欲を過剰に主張する若者はもてません。そこも何か変化しているんじゃないかと思ったりします。

小林　僕は所有欲の権化の世代のちょっと下ぐらいですが、馬場さんがおっしゃることを確かに実感します。シェアハウスもそうですが、自動車を買いたがらないですね。今の学生は「馬力が大きくてスピードの出る高性能の車が好きだと言うと女性が引いてしまう」と言うんですね。車は中古の軽自動車で十分、むしろ自転車がいいという感覚の学生も多いと思います。

その彼らが次にどういう社会をつくっていくのか、実は私はよくわからない。ただ、私たちが否定されているんだろうなという感じはします。それは戦後の日本の経済システムにとっては脅威かもしれません。今、モノが欲しくてしょうがなくて、手に入ってうれしいと思う人びとはどこにいるかというと中華人民共和国です。でも彼らもいずれは日本と同じようになるだろうと思います。

一方で、アメリカはかなり特殊かもしれません。ヨーロッパや日本はもう、モノよりもまったりとした温泉旅行にお金を使いたいとか、経験に金を払いたいという感覚が強まっているような気がします。

馬場　戦後の日本は教育にしろ、経済にしろ、競争によってある種支えられていたと思います。常に競争しながら、高め合って社会をつくってきた。僕もその闘ってきた世代に対しては、ある種のリスペクトがあります。でも、今度は闘わない世代が社会の中枢になろうとしているわけですね。これまでは闘いや競争が発展の原動力になっていたんだけれど、発展というモチベーションがなくなった今の時代に、何をエンジンにして社会を運営していくのかはまだ見えませんね。

変わりゆく社会の教育への影響

司会　今、馬場さんは過去の社会を「発展」、今の社会を「運営」と表現されましたね。それは今の社会が昔とは全然違うものであることを無意識に使い分けられたように思ったのですが。

馬場　実は最近、僕は「運営」に興味をもっています。設計事務所の仕事は今まで設計して建て、施主さんにひき渡して終わりでした。ある種、それが潔くてカッコいいとされていたんですね。建築物は作品であり、できた瞬間が一番美しいと僕も習った。

ただ、最近、いろんなことを考えるんです。設計した建物がどう使われているのか、幸せに使われているのか。自分がつくった建物、空間に対して責任を取ろうと思うならば、運営にまでかかわらなければいけないんじゃないかと思って、最近、自分が設計した空間の運営にもかかわり始めています。経済的にいうとフロー型じゃなくてストック型（注8）の体質になろうかなと思っているのと同時に、できた瞬間ではなく、くたびれていくプロセスに美学があるんじゃないかとか、そんなことを何となく感じています。

小林　その場合の運営というのは、建物を利用する人を含めての運営ですよね。

馬場　もちろんです。

小林　ということは建物をつくる喜びよりも、その建物を使っている人びとがどんな経験をしていくか、ということのほうに関心が移っているのかもしれない。

馬場　ああ、まさにそうです。

小林　若い世代を見ていると、当然みなが一つの色に染まるわけではないので、熱く燃えている学生がいないわけではない。ただ、ウェイトといいますか、バランスが変わったことを感じます。私よりちょっと上の団塊の世代では、同世代が大量にいるところでずっと競争してきたとおっしゃる方が多いですね。それに比べると、若い人たちは「ゆとり世代」なんてレッテルを貼られて批判されたりしています。あれは彼らの責任ではなく上の世代がゆとり教育を行った結果ですけれども、やはりそういう経験によって、我々の世代とは感覚が違ってきているんだろうなと思います。

大学では若い世代が海外に行きたがらないという議論もよくします。企業の人も「おれたちは市場開拓の時、徒手空拳でも頑張って海外に行ったもんだ。ところが今の連中はウォシュレットがないから行かんとか、日本のほうが便利だから行かんと。何だ、こいつらは気合が入ってない」というふうに言われます。確かにそういう側面はないわけではない。それは非常に豊かで便利な環境で育ったからだろうと思います。

それはコミュニケーション能力についても同じで、今の若者はコミュニケーション能力がないとよく言われますね。そうかもしれない。でも、この場所から東京まで、一言も口をきかず、土を一切踏まずに我々は移動できるんです。するとコミュニケーション能力なんていらないじゃないですか。そういう社会をつくり、そこで育てておいて、コミュニケーション能力がないと文句を言ったって、若い人にとったらたまったものじゃない。すると、人工的に場を与えてあげないとコミュニケーション能力はつかないだろうと私は思います。

司会　今、大学でもコミュニケーション教育がすごく大事だということで、アクティブ・ラーニングだとかいろんな形でコミュニケーション教育を、と言われていますが、社会の環境がそうである時に、大学でだけ特殊な教育をしてもうまくいかないのではないでしょうか。

小林　大学でやったのでは手遅れです。日本の大学は世界と比較しても、ものすごく特殊な空間です。学生の年齢層が一八歳から二二～二三歳までと非常に狭い。大学院まで入れても三〇ぐらいまでに見事にかたまっています。こんなに年齢の幅が狭い大学は世界中で日本だけです。多様性を上げること自体、もっと本気で追求されるべきだろうと思います。

馬場　僕は実は一回、広告会社に就職したんですが、やっぱり設計をやろうと思って二八歳のときに博士課程に戻ったんです。ある程度社会人経験をもって大学に戻り、修士課程の人たちといろいろ楽しいプロジェクトに取り組めたことは、確かにすごくよかったですね。ああいうことがもっとできればいいのにと思うけど、日本社会の良識はそういうことをなかなか許さない風潮がありますね。大阪大学でも社会人枠とか社会人の再入学とかはそうそうありませんか。

小林　やっぱり年齢層は狭いですね。どうやって社会人にもう一回大学に来てもらうかはこれからの課題ですし、積極的に取り組むべきだと思っています。というのは、今は子ども自体が同世代でしか遊んだ経験がない構造になっていますよね。昔はそれこそ馬場さんが本にお書きになっていたような土管のある空間で、ある程度幅のある世代が一緒に遊んでいた。そういう場がなくなっている今、それをどこかで人工的に与えないと回復しないだろうという気はします。

大学が背負う二つのプレッシャー

馬場　僕も今、できるだけ学生時代から社会にまみれさせようと、行政や民間企業とのコラボレーションのプロジェクトを大学にもちこみ、三〜四年生にうちの事務所でやっているのと似たような仕事をやらせています。そういう中に学びながら稼いでいるような人間がもっと雑然とした感じで入ってきてくれるといいなと思います。だけどなかなかそういう人はいないし、それを許す環境がない。社会の許容度が日本はものすごく狭いなと思いますね。

司会　それは社会もですけど、大学の仕組みが固過ぎることもありますよね。

小林　おっしゃるとおりです。私は先ほどあっさりと「社会人」なんて言いましたが、一体、社会人って誰のことでしょうか。企業に勤めている人だけですか。リタイアした人や勤めてない人はどうですか。社会人ってどんな人を指すのかと問われると、結構難しい。まして社会人入試なんていう枠をつくると、社会人を定義せねばならなくてたちまち困ってしまうんです。みんな、社会人じゃないですか。

馬場　なるほど、言葉って怖いですね。社会人という言葉によって大学生とそれ以外の人を過剰に区別している。その境界は本来もっと曖昧でいいはずで、みんなもっと大学に出入りしていいはず。それこそ「公器」と提起されていたように、大学こそもっとパブリックな場であってよさそうなものだけど、そうなっていないんですね。

小林　ＮＰＯとかＮＧＯという概念がありますね。その分類でいくと、実は大学はＮＰＯ、ノンプロフィット・オーガニゼーションの中に入るんです。公共性はどこが担うかという時、政府だけで担いきれない部分を担う組織としてＮＰＯとかＮＧＯが評価されてきたことを考えると、大学は本来的には非常に公共性の高い組織であるべきだし、あるはずですね。だけど、それがあまり自覚されてないのではないでしょうか。

だから今、改めて大学とは何なんだろうと問われている感じがします。大学は、今、三つのプレッシャーにさらされていると私はよく言うんですが、一つは「大学ランキング」で評価されるような、世界に伍したすばらしい研究をしているかというプレッシャーです。二つ目は、日本は今、国家財政的に苦しいですからイノベーションがより大事で、それを生み出すサイトとしての機能を果たしているかというプレッシャー。三つ目が、市民に対してどんな役割を果たしているかということで、アウトリーチや社会に対する幅広い貢献が求められています。

しかしこの三つは、なかなか簡単に予定調和にならないのです。ランキングを追求すると、イノベーションとは関係なく研究オタクで論文業績を積み上げるほうが、効率がよかったりする。一方でイノベーションは論文ではなく、現実に起こしてみせること自体に価値があるという議論になりますから、それらを全部やれと言われると、大学は非常に分裂した形で動くことになる。さらに社会的責任とか市民性のある大学人という要求もされると、それらをどうつないで一つの大学として運営するかは結構苦しいところです。

しかも、大阪大学は国立大学です。今は国立大学も財政的に独立して運営していかないといけない状況にありますから、定年退職者がいても、なかなか新しく人を雇用することができないというのが実情です。

馬場　それでは高齢化が進むばっかりじゃないですか。僕が行っている東北芸術工科大学は、山形の地方都市にある芸術と工学だけの大学なので、そういう意味では際立った特色を出していくしかないですよね。先の三つのプレッシャーでいうと、世界的ランキングは横に置いて、残りの二つを追求すべきという方針はある種明快で、規模が小さいゆえに実はおもしろいのかも、とお話を聞いていて思いました。地域に愛されるほかはないし、山形や東北にどういう人材や資産を還元するかというところしかない。

学生たちも東京にあまり出ていきたくないようですね。それは大震災の影響がとても大きい。特に山形、仙台の出身者が非常に多く、彼らは高校時代にあの破壊の風景とそこから地域を立て直そうとしていく人びとの風景をリアルに目の当たりにしている。あるいは被災地でボランティアした学生たちもいるわけで、彼らはモードが明らかに普通の大学生とは違います。地元に帰ってしっかり仕事ができる人材になりたいと思っている人が多く、そういう意味で東北は先進エリアかもしれない。

ただ、東北圏には仕事が少ないんです。どうやって新しい産業をつくるか、学生たちの就職先をつくるかが問題だと、大学にいてひしひしと感じます。実際、地域を何とかしなければいけないという使命を感じて山形市や仙台市、あるいは地元の企業とコラボレーションして、新しい方法をもちこむことを考えています。

理想の風景を描き、共有することの大切さ

司会　馬場さんはさきほどから「人びとの風景」とか「破壊の風景」とか、「風景」という言葉を何度も使ってらっしゃいますね。風景を共有している者の上に、生み出そうと思う方向性、「コモン」のような話は成立していく。ところが今は同じ風景が見えにくかったり、同じものを見ているはずなのに違って見えたり、風景を共有すること自体が難しい時代で、私たちはこの「風景を共有すること」を学生にうまく伝えられていないのが、コミュニケーションがうまくいかなかったりする原因ではないかと思いました。

馬場　僕は最近、建築の仕事もまちづくり、都市計画の仕事も、端的に言えば「風景をつくること」では

図１：東日本大震災後、東北芸術工科大学の学生たちが描いた次代に住みたいと思う地元の風景。

ないかと思うようになりました。東日本大震災の後、ふと僕らは次の時代にどんな風景の日本をつくりたいのか、子どもたちの世代にどんな風景の中で生きてほしいのかということを、僕は建築家としてちゃんと考えているんだろうかと思ったことがきっかけです。

実際、震災後に高台移転のプロジェクトの相談が来たんですが、実はどこから手をつけていいかわからなかったんです。それで二〇代の学生たちに、方法論も何も考えなくていいから、とりあえず君たちが次の時代に住みたいと思う風景を描こうよと呼びかけ、話し合いながらできあがったのがこれです（図1）。見てのとおり、彼らが想像したのはピカピカの未来ではなかった。田んぼがあって、坂道があって、ぽつぽつと素朴な木造住宅——原発の問題の後なので太陽光発電を取り入れた住宅が並んでいて、まちの真ん中にはみんなが集まれる中庭のような空間がある、といった穏やかな風景を描いたんですよ。僕ははっとさせられて、彼らがこういう風景が理想だと言うならば、僕らもそういう社会構造に日本を変えていかねばならないのではないかと思ったんです。

例えばグーグル（Google）の画像検索で「郊外」「風景」と入れると、こんな風景（写真8）がだーっと出てきます。均質な風景、均質な建物。どこかわからないけど、確実に僕らが望んだからこの風景ができているんですよね。そこで僕はその原因を一生懸命考えました。そして気づいたのは税金の流れの問題で、特に地方都市はみんなが一生懸命稼いだ気持ちの入ったお金が一回国に集められ、地方交付税交付金という無感情なお金となって均等に再配分されます。均質なお金、均質化された思いがこの均質化された風景を生んでいて、この経済システムである限り、決して学生たちが描いた風景にはたどり着かないんじゃないかと思った。それで理想の風景から方法論を逆算するという考え方ができないかなと思ったんですね。

写真8：インターネットで「郊外」「風景」というキーワードでヒットする数々の風景写真は、今や日本のどこでも見られる均質な風景だ。

小林　おっしゃるとおりで、この絵の感覚とグーグルの写真の乖離を、我々がどうやって埋めていくかは大きな課題だと思います。さきほどイノベーションの話が出ましたが、私はこの絵も立派なイノベーションだと思います。でも一〇年ぐらい前、科学技術を使わないボトムアップ的なイノベーションの可能性について議論をしたとき、ある工学系の人が、要は一億人を食わせるためにどういうイノベーションが必要かという問題なんだと言われた。その意見を聞いたとき、私はその方のすごい責任感を見せられた気がしたと同時に、その方向性はこれからも追求に値するのか、苦しくてもこの絵のような選択を真面目に考えるべき時期が来ているんじゃないかという感覚をもったんですが、その乖離はすさまじいですね。

東北は井上ひさしの『吉里吉里人』の舞台ですから、地方の独立というあの小説のビジョンも親和性がありますよね。もちろんなかなか現実化できないことですけれども、実はいろんなところで近いことが起こり始めているという感覚があります。例えば今「地方創生」政策がありますね。私の敬愛する滋賀県の人が、あれは国の財政的縁切り宣言だろうと言いました。すると今後はそれぞれの地域がどれだけ頭を使えるかの勝負であり、いかに昔のモデルから離れるかがすごく大事なポイントだと。

馬場　一億人を食わせなきゃいけないという言説はすごく恐ろしいですね。中央集権的にすべてを一回集めて再配分するという護送船団方式は、戦後日本の復興期においては成功したと思います。だけど、それは人口が急激に増えたあの時期だから必要な方法だったわけで、これから人口がひたすら減っていく中、同じ社会システム、国の運営でいいわけがない。これからは経済に限らず、すばやく動く社会構造にならなければいけないと思います。ただ、国はそういうモードにまだなりきれてない。もしかすると地域だけでなく大学も同じ構造にぶちこまれているのかもしれません。

小林　同感です。今、国の教育政策は、改革に向けて努力をしている大学に対しては支援するけれども、そうじゃない大学にはペナルティを科すような形になっている。その背景にあるのは、競争こそが最善の結果を生むという信仰なんですね。この傾向は一九八〇年代ぐらいから非常に強くなったと思います。それがかつてのシステムに対するある種の浄化作用をもたらしたことを否定するものではないのですが、今

は行き過ぎています。

もし大学が社会の中に存在する意味があるとすれば、国の政策を補強する形の仕事だけじゃない仕事もあると考えるための空間をもつこと。つまり、代案を考えることが大学の非常に大きな役割じゃないかと私は思っています。ところが今はみな一つの方向に効率よく走れと言われるので、例えば先ほどの学生たちの絵のようなビジョンは、現実の経済システムから見れば荒唐無稽でいくらでもつっこみどころがあると思います。でも逆にこういう社会を思い描くための空間を、我々は失っていいのですかと問いたい。理想かもしれないけれども、そういう余地をもってない社会は衰退します。

馬場　この絵は大学だから描けたと思うんです。企業だと、このようなある種、能天気で無責任な絵はもう描けない社会になってしまっているじゃないですか。でもだれかが描かなければいけないはずで、それを認める許容性、寛容性みたいなものが失われてきていることが問題なんですね。

パブリックスペースとしての大学を考える

馬場　社会構造とか価値観において、プライベートや所有というものを限りなく強固にしていくところに正しい解答があるとされていたのが今までの資本主義ですね。ところが僕らはリーマンショックでその崩壊を見た。そうした中で風景を素敵にする社会構造を考えるために、僕らは今パブリックスペースについて試行錯誤を重ねている感じがします。

小林　大学はその超資本主義の中でどう振る舞う存在になったらいいのかという議論があって、今は大学もお金儲けせよというメッセージを受けているんですよ。国は今まで大学にこれだけのお金を投入しました。そのアウトプットはいくらですかと問われると正直、大学は答えられないのです。

馬場　大学はコモン性をあらかじめもっているような気がします。プライベートとパブリックの間にあり続けていい。大学のような環境で活発に実験がなされなければ、イノベーションと新しいテクノロジーを生み出す器にはならないはずです。

風景論でいうと、大学の風景自体をもう少し変えてみてはどうですか。例えば東京大学や早稲田大学は高い塀に囲われていますよね。あれは特権の象徴であり、強い境界意識の現れです。あれをぶっ壊すことで、空間が象徴的にコモン化しないでしょうか。

小林　大学は権威の象徴のような構造で生まれてきたという歴史があります。それに対して、当然いろいろ批判はできるだろうし、改良すべきこともあるでしょう。ただ、やり方の批判だけでは大学はよくならないという言い方をしたほうが正確で、例えば塀を取っ払う提案をいただきましたけれども、実は大阪大学の建物も大分変わってきています。建物の形は中で行われている営みと結びついていますから、建物が形を変えると中の営みも当然それに即して変化するんです。我々がこのCOデザインセンターの前身であるコミュニケーションデザイン・センター（注9）を最初につくったときも、会議室とか部屋のつくりを従来とは全然違うものにすると、議論の質が変わりました。

馬場　やっぱり変わるんですね。

小林　そういうことが明らかに必要だと思います。放っておくとやはりオーソドックスな建物になっちゃいますから、そこにどう違うものを差し入れるかという点では、建築家の仕事はすごく大事ですね。

馬場　建築家は今後、壁を取っ払うセンスも必要。僕たちはこれまでプラスのデザインばかり教育されてきたけれども、マイナスのデザインをやらなきゃいけないし、教えなきゃいけないと思いますね。

この対談シリーズを括る「超学校」というネーミングは、ジャック・アタリの『二一世紀の歴史』（注10）から引用されているのかなと想像していますが、そこでは、有史以来すべての歴史においてクリエイティブでおもしろい人材が集まるところが次の世界の中心拠点になると書かれていました。今や世界の中心は金融のニューヨークではなく、カリフォルニア、サンフランシスコで、それは徹底的におもしろい人材、クリエイティブな人材を集める努力をしたからだと。確かにスタンフォード大学も含め、アップル（Apple）もグーグルもフェイスブック（Facebook）もツイッター（Twitter）も拠点はあそこにある。日本の大学も、おもしろい人材が集まるにはどうしたらいいかを考えたほうが、どうやって稼ぐかを考えるよりも

小林傳司 氏

絶対正しいし似つかわしいと思います。

小林　文部科学省もさすがに日本の立ち位置がこれからどう変わるかということは意識しています。日本は今や先進国です。その意味は、高齢化、人口減少といった日本が抱えるさまざまな問題点は、世界のどこも経験したことがない状態になっているということです。今までは何か厄介な問題があると西洋の先進国に行って調査研究し、そのやり方をコピーする、知的植民地体質だったんです。しかしこのモデルを踏襲していたのではもうもたない。自分で考える人間をつくらないといけないということなんですね。

つまり、先進国は自分で考える人間のいる国ですから、「日本は本当に先進国になる覚悟はありますか」ということが今問われているのです。しかし日本人は長らく西洋を見て生きてきたので、その心の切り換えがなかなかできないのです。でも若い世代には切り換えてやっていただく以外、日本の未来はないと私は思っています。

翻って、大学は入試のシステムを変えないといけない。国公立大学の入試で今課されているセンター試験は、決められたルールの中ですばやく解答を見つけだす能力を評価しています。その能力も悪くはないけれど、それしかできない人間は絶対クリエイティブにならない。やはり失敗しても自分で考え続けるような人間が必要で、そうした人材をどうやって増やすか。

馬場　物事は開発してこそなんぼだし、大学はまさにそういう場であってほしい。何かを学びとるだけじゃなくて、話し合える場、実験できる場。

司会　入試で合格した者だけが学ぶという形しか提供できなければ、多分これからの大学は残れないでしょう。この「超学校シリーズ」のように大学もどんどん街へ出て、しかも一方的に教えるのではなく、答えが出ないようなことも含めていろんな形で一緒に考えられる場をつくる。大学の公共性はそういうところにあるのではないでしょうか。では最後にお二人に一言ずつ感想をいただけますか。

馬場　今日はすごく楽しかったと同時に、とてもいいヒントをもらいました。みなさん、パブリックを行政空間だと思っていませんでしたか？　僕はパブリックスペースというものを考えることによって、パブリックという概念自体を問い直したいと最近思っていて、そこに今日、大学というテーマを与えられたことで気づいたことがあります。それは、大学はクリエイティブでなければいけないということも含めて、ものすごくアクティブで楽しい公共空間、パブリックスペースのはずだということ。つまり大学をおもしろくすることは日本のクリエイティブであり、おもしろいパブリックをつくることにも直結していると気づいたので、自分の大学でも今後いろいろ実

馬場正尊 氏

験したいと思っています。

小林　パブリックは今「公共」ととりあえず訳していますが、ジェネラル・パブリックという言い方をしたときには「公共」とは訳せない。ではなんと訳すかというと、日本語がないんです。つまりパブリックという概念自体を我々はまだうまく日本語で表現できていない。それが今、大学が果たすべき役割がなかなかに曖昧で、形式的体質だけが残ってしまっているところとつながっているのかもしれません。

お話しながら、大学生はもちろん、より多くの人と一緒に議論する空間がもっと普通に成り立つような社会になれば、大学はずいぶん変わるだろうという気がします。そのときに大学はよりパブリックな存在として、ジェネラル・パブリックから認識してもらえるんじゃないでしょうか。今はまだどこか社会と切れた状態が続いているんだろうと思います。それをどうやってつなぐかが、これからの大学の課題だと思います。今日は非常に重い宿題をもらいつつ、馬場さんと非常に刺激的なやりとりができて私自身も勉強になりました。

司会　どうもありがとうございました。

注

注1：Open A
東京都中央区の一級建築士事務所。二〇〇三年六月設立。住宅・オフィス・公共施設・公共空間のリノベーション、設計・編集業務を行う。「東京R不動産」の運営も手がける。ウェブサイトは http://www.open-a.co.jp/

注2：東京R不動産

普通の不動産紹介では語られない、物件の隠れた魅力を発見・紹介するサイト。スタッフが紹介する物件の中から、嗜好やこだわりに合った物件を探すことができる、いわば不動産のセレクトショップ。ウェブサイトはhttps://www.realtokyoestate.co.jp/

注3：リノベーション【renovation】

既存の建物に大規模な改修工事を行い、用途や機能を変更して付加価値を与えること。

注4：観月橋団地

京都市伏見区にある築五〇年を経た（一九六二年築）UR賃貸住宅（旧公団住宅）。団地内の高齢化・空住戸対策のため、約三ヘクタールの敷地に建つ一四棟（五四〇戸）の中層住棟のうち一〇棟にリノベーションを実施した。先進的な公団住宅の再生モデルとして二〇一二年度グッドデザイン賞受賞。

注5：『RePUBLIC　公共空間のリノベーション』

二〇一三年九月に学芸出版社より出版。馬場正尊＋Open A著。

注6：『PUBLIC DESIGN　新しい公共空間のつくりかた』

二〇一五年四月に学芸出版社より出版。馬場正尊によるインタビューを収載。馬場正尊・Open A・ほか六名著。

注7：三世一身の法

奈良時代前期（七二五年）に発布された法令。墾田の奨励のため、開墾者から三世代までの墾田私有を認めた。

注8：フロー型、ストック型の経営

フロー型は、発注を受けて商品を販売したり仕事を請け負い、ストック型は仕組みやインフラをつくることで継続的に収益をあげる経営スタイル。

注9：大阪大学コミュニケーションデザイン・センター

専門的知識をもつ者ともたない者の間、利害や立場の異なる人びとをつなぐコミュニケーションの回路を構想・設計・実践する新しいスタイルの教育研究機関として二〇〇五年に創設。二〇一六年六月に活動を終了。その理念はCOデザインセンターに引き継がれている。

注10：『二一世紀の歴史』

二〇〇八年八月に作品社より翻訳出版。著者のジャック・アタリは「ヨーロッパ復興開発銀行」初代総裁を務めた経済学者・思想家で、本書は二一世紀の政治・経済を大胆に予測した未来の歴史書としてヨーロッパでベストセラーとなった。

2

「技術」と「不満」のつなぎ方

対談者　八木啓太（ビーサイズ株式会社 代表取締役社長）
藤田喜久雄（大阪大学大学院工学研究科 教授）
司　会　八木絵香（大阪大学COデザインセンター 准教授）

変化の激しい社会の中で、さらなる創造と革新が求められているのが、技術立国・日本のものづくりです。今回は、たった一人で家電製品のベンチャー企業を立ち上げ、「ひとりメーカー」として注目を浴びた八木啓太さんをゲストに迎えました。日々進展する「技術」と多様化するニーズ=「不満」の種を拾い集め、つなげることで「デザインとテクノロジーで社会貢献しよう」というミッションにかなう優れたものづくりをめざす技術者と、プロダクトの設計方法論についての授業を展開する研究者が、これからのものづくりのあり方やクリエイターを生みだす教育のあり方、しくみなどについて語りあいました。

対談者プロフィール

八木啓太［やぎ けいた］

大阪大学大学院工学研究科電子工学専攻博士前期課程修了。2007年に富士フイルム株式会社入社。機械エンジニアとして医療機器の筐体設計に従事。2011年11月、ビーサイズ株式会社設立。同年12月、LEDデスクライト「STROKE（ストローク）」を発売する。同製品はグッドデザイン賞、ドイツの「Reddot design award」を受賞。

藤田喜久雄［ふじた きくお］

大阪大学大学院工学研究科産業機械工学専攻博士後期課程修了。工学博士。2002年より同教授（大学院工学研究科機械工学専攻）。専門は設計工学。中でも上流設計のための方法論、複合システムの最適設計法、超システムの設計法。教育では、2005年より、製品（プロダクト）の企画や概念設計のための方法論を教える産学連携によるプロジェクト型大学院科目を導入。2014年より、超域イノベーション博士課程プログラムの中核科目として、社会課題の解決策立案に向けた総合力を養うプロジェクト型科目を開発・導入している。

司会　今日は、ものづくりのあり方やそれをめぐる教育についてお話をしていければと思っています。昔、藤田さんの授業を受けた学生さんの中におもしろいことをやっている人がいらっしゃると聞き、この対談が実現しました。まずは「ひとりメーカー」というネーミングをもつ八木さんが、どのようにして今のスタイルのものづくりにたどり着かれたのかを伺いたいと思います。

八木　僕は修士課程の学生の時、藤田先生の授業を実は〝潜り〟で受けていたんですけれど、それがきっかけで今日はご縁をいただきました。ありがとうございます。

最初に弊社の紹介をしたいのですが、二〇一一年に家電製品のベンチャー企業「ビーサイズ（Bsize）」（注1）という会社をつくりました。これが、弊社が最初につくったLEDデスクライトです（写真1）。パイプを四カ所曲げただけの非常にシンプルな構造で、お尻のところにプラグを差し込んで先端のタッチセンサーに触れると、ふわっと光が広がるLEDの照明です。利点は光が非常に自然光に近いことです。それから目線を邪魔しないシンプルなデザインが評価されて、日本やドイツでデザイン賞をいただきました。

製品自体が高評価をいただいたのに加え、もう一つおもしろがっていただいたのは、この製品の企画、デザイン、設計、販売まで僕一人でやったことです。一般にメーカーというと非常に大きな組織体でやるものだと思われていますが、すべて一人でやったことで「ひとりメーカー」というキャッチコピーをメディアの方がつけてくださいました。

藤田　インタビュー記事などを拝見すると、八木さんはこれまでに受けた教育やキャリアによってこの道が開かれたというより、もともと起業の志望や資質があって、それに大学や企業などの場をうまく活用されているような印象をもちました。

八木　そうですね。会社を起こすきっかけになった昔話をしますと、実は僕は高校生の時に将来ものづくりをやりたいと思ったんですね。その動機がアップル（Apple）社のiMacという製品です（写真2）。高校一年の時にこれを父親が買ってくれて、初めてインターネットに触れたのがすごいカルチャーショックでした。それまでのパソコンって、ベージュ色のプラスチックでできた、ただの箱だったんですが、iMacはスケルトンで、リビングに置いてもいいようなスタイリッシュなデザインで、しかもそこからインターネットの世界に触れたということで、衝撃的な体験をこの製品が与えてくれた。これが一つの大きなきっかけになりました。

　ネットを通じていろいろ調べてみると、自分がかっこいいなと思う製品はほかにもいっぱいあって、例えばバング&オルフセン（Bang & Olufsen）という北欧のオーディオメーカーの六枚CDチェン

写真1：最初に開発したLEDデスクライト「STROKE」はred dot design award、GOOD DESIGN award等を受賞。

写真2：1998年に発売されたアップル社のディスプレイ一体型デスクトップパソコン「iMac G3」。

ジャー。日本でＣＤチェンジャーと言えばすぐ世界最小最軽量といった方向に行っちゃうんですけど、これはお気に入りの音楽を聴くんだからＣＤのジャケットも眺めながら聴きたいよねという、非常に高尚なコンセプトで美しいデザインです。ダイソン（Dyson）の掃除機はフィルターの目詰まりという、たぶんみんなが困っていた問題に正面から取り組んだ。そういういろんなかっこいい製品に影響を受けてきました。

それで自分もそんな製品をつくる側に回りたいと思いまして、どういう勉強をすればよいのかなと思って調べると、電子工学とデザイン、それから機械工学を習得しないといけないことがわかった。今となってみればチームでつくればいいことですが、当時は全部自分で身につけなきゃいけないと思っていたので、キャリアチェンジしながら学んでいく道を選びました。

大学では電子工学を専攻しまして、ロボットの目になる画像処理の回路を研究したり設計したりしていました。デザインは、芸大の教科書を勝手に読んでみたり、インターネットで募集されているデザインコンペに応募してみたり……。大概落ちるんですけど、たまに受かるとそれがモチベーションになってさらに挑戦してみるといった感じで、独学というか、半分趣味で取り組んでいました。機械工学のほうは、藤田先生の授業など機械工学専攻の授業を〝潜り〟で受けたり、そこで友達をつくり、教科書をコピーさせてもらったりして勉強しました。自分に必要だと思う授業を専攻とはあまり関係なく受けたりして、いろいろつまみ食いしたという感じですかね。

藤田　電子工学の学生が機械工学専攻の授業「プロダクトデザイン」を受けにくるなんて、相当変わっていたと思いますね。今後は、一度社会に出て、本当に必要な勉強を見極めた上で、もう一回大学に入り直して意味のある学びにつなげる人がもっと出てくると思いますが、八木さんはそれを先取りした感じでしょうか。

八木　実は就職活動の時も電子工学専攻なのに機械設計をやらせてくれといっていろんな企業に断られちゃったんですけど「おもしろいやつがいるな」ということで採用してくれたのが富士フイルムという会社でした。そこでは医療機器の筐体設計を担当していました。

司会　起業の転機になったのは何だったんでしょう。

八木　会社で機械設計をゼロから学んでいる間に、インターネットカルチャーの影響で、ものづくりにおいてもいろんなソフトウェアが無料でダウンロードできるようになっていました。オープンソースハードウェアといわれる、ハードウェアの設計情報をみんなでシェアするような動きも起こってきまして、僕もそういうコミュニティに参加しながら、まずは趣味でものづくりを始めたんですね。休日を利用して自分がほしいと思う製品をつくってみたりしていた時に、ある電子部品の業者さんから「この自然光に近いLEDで手術灯をつくりませんか」と売り込みがあったんです。自然光に近いと臓器の色が正しい色味で見えるので状態の良し悪しの判断ができるし、光がやわらかくて手元が影にならないので手術灯にどうかと。

上司には「うちは手術灯はやっていないからいらない」と却下されたんですが、サンプルをもらい、こっそり家へ持ち帰ってデスクライトに仕立ててみたんです。制御回路なども中に納まっていない粗削りなものでしたが、照らしてみると本当に自然でやわらかい、すごくいい光だった。それまで趣味でつくっていた製品の中でも抜きん出て満足いくものだったので、僕以外にもほしい人がいっぱいいるんじゃないかと、製品化の可能性を感じたわけです。

もちろん医療機器の設計にもやりがいをもっていたので、わざわざ退職してまでやることかなと非常に悩んだんですが、iMacを生んだスティーブ・ジョブズの言葉に「今日が人生の最後の日だとして、それでも今日やる予定のことをしたいか」という一節があるんですね。これを自問した時、今日が人生最後だったら会社には申し訳ないけどデスクライトをつくりたいと思って退職し、貯金と退職金を全部注ぎ込み、ぼろアパートで一人、開発を始めたのです。

デスクライト開発物語

司会　実際のものづくり、デスクライトの開発はどのようなものだったんでしょうか。

八木　開発プロセスを簡単にご説明しますと、製品の設計はＣＡＤソフトで行います。このソフトはもともとすごく高価で一千万円ぐらいしましたが、この頃からエントリーモデルのソフトが無料で配布されるようになってきて、それを使って部品の設計を行いました。デスクライトは二〇ぐらいの部品で構成されているんですけど、一個ずつ設計していきました。

それからちょうど３Ｄプリンターが安価になって普及してきて、パソコン上で設計したものを立体物としてプリントアウトし、実際に触って形状の調整具合を確認することが簡単にできるようになりました。これが一六万円。これで設計がうまくいけば町工場にお願いして量産していくというような格好です。

ＬＥＤを制御するために中に入れている電子回路の基板も同じように、ＣＡＤソフトを使って設計していきます。そして設計したデータをウェブ上で基板をつくる会社のサイトにアップロードすると、すぐに設計どおりの基板になって送られてきます。こんなふうに個人でも製品を開発できるサービスや環境が整ってきたことも、起業の背景にあると思います。

司会　そこから製品化にむけていよいよ量産体制に入っていったわけですね。

八木　量産の観点に立つと、デジタルアプリケーションだけではうまくいかないところもいろいろありました。例えば最後に出荷する前には評価試験があります。市場で問題が起こらないように、いろんな評価項目があるのですが、その一つに高温多湿の環境の中で四〇日ほど基板にダメージを与えても壊れないかという試験が必要でした。ところがそのための恒温槽という装置を資金が尽きて買えなかったんです。それでも試験をしなきゃいけない。装置をレンタルすることもできない。みなさんだったらどうしますか。僕はコンビニで肉まんの保温庫を見て、それを利用することを思いつきました。そこでネット通販で四万円ぐらいで肉まんの保温庫を買い、それを改造して装置をつくり、評価試験を何とかパスして販売にこぎつけました。

司会　伺っていますとすばらしい成功物語ですが、実際の現場はうまい話ばかりではなかろうと思います。製品化にあたって一番大変だったのはどんなところですか。

八木　いろいろ課題があった中で、資金面についてはお察しいただけると思いますが、実は協力してくれる町工場を見つけるのが一番大変でした。設計は経験済みのことなのですんなりできて順調にスタートしたと思ったんですけど、いざ図面を持って町工場へ部品生産をお願いに行くと、なかなか受けてくれないんですね。ロットも少ないし一人でやっているということもあって、そもそも相手にしてくれないんです。富士フイルムをやめる前に、「やめたら受けてくれる？」と聞いたら「いいですよ」といってくれた企業さんも、いざお願いしたら「やっぱり無理」と手の平を返されてしまって。

大企業の看板がないと、信頼を獲得すること自体、非常にハードルが高くてたぶん一〇〇社ぐらい回って何とか二〇社協力を取りつけられたことが成功した理由でもあり、一番大変なところでもありました。

藤田　要するに打率二割ですね。その二割を獲得できたことがポイントだったと。

八木　大企業の受発注的なやり方ではだめで、「こういう製品をつくりたいからぜひ協力してくれ」とビジョンを提示したり、時には完成図を持っていって「この部品が重要だからやってくれ」とお願いすると、何かよくわからないけど若者が頑張っているから応援してやろうみたいな心意気でやってくれる工場が少しずつ出てきたという感じですかね。

司会　実際に一緒にやるには、製品そのものの価値とは関係のないところに高いハードルがあったということですね。

八木　そうですね。結果的にこの経験が、チームメイクをする上でつながるべくしてつながった人たちなのか、そうじゃないのかをフィルタリングしてくれたと思っています。ビジョンに共感してもらえるかが、事業の大きさとは関係なく一つの指針だったと思います。

チームメイキングの鍵

藤田　そういうふうに粘ったり、ビジョンを伝えたり、いろんなご苦労の中で、大学で学んだことで何か役に立ったことはありますか。

八木 研究って、うまくいかないことが続くじゃないですか。簡単にうまく成果は出ないし、一方で参照する論文は世界トップクラスの論文ですから、自分がやっていることとの乖離になかなか苦しむわけですが、それでも忍耐強くやっていかなければいけなくて、その中で少しずつ成果が出てくるというところは共通項があって、役に立っているかもしれないですね。

藤田 『やり抜く力 GRIT』(注2)というおもしろい本が最近出ていて、人生で大事なのは知識とかではなく、これをやると決めたら最後まで諦めずにやり抜くことだと著者のダックワースは言っています。それも、ただがむしゃらに頑張るのではなくて、だめだったらまた明日トライするというように、ある程度時間をおきながら諦めずに最後までやることが成功した人のキーポイントだと、教育心理学的に丹念に書いてありました。それはいわゆる根性論ではなく、リーダーはどうあるべきかということを考えている。結局、八木さんの場合もそうだと思いますが、チームに人が加わるということは、当然利益の面もありますが、そのコンセプトをやり遂げたいと思っている熱意に対して共感するからじゃないですか。

そういうふうに考えていくと、ものづくりにおけるコンセプトの共有の仕方みたいな部分をいかに組み立てるかが重要だと思います。

司会 昔に比べると手段や知識はいろんな経路で入手可能になっているからこそ、重要だということですね。でも、それは教えられるものでしょうか。

藤田 ものづくりに限らず、いろいろなことのモードが変わってきているわけですから、当然教育も変わらないといけないという話になるはずです。従来のセンスからするとそんなことの教育ができるのか、となりますが、人材ニーズがある以上、教育の仕方もどこかにあるはずで、従来からの常識にとらわれずに取り組まないといけないのだと思います。

話は少し飛びますが、日本の教育でいうと、今「高大接続」(注3)の改革案があります。それを推進している担当者は、そういった種類の意識をもって必死でプランを練っていると思います。ひょっとすると「ゆとり教育」を考えた人たちも、本当はそういった課題を意識して打ち出しながら、言葉がずれてしまったり、現場にそれを担える人がいなかったりという問題があってうまくいかなかったのかもしれない。その第二弾のような改革が起こりつつある今、いよいよ本当に変わらないとたいへんなことになるところまで教育の問題は差し迫っている。前回、小林傳司さんがお話されていた国公立大学の入試方法の問題もその一つだと思います。

司会　これからのリーダーは「俺についてこい」ではなくて、目指すべき頂きを具現化して「少なくとも俺はやるよ」と言ったものに対して、いかに共感してもらって一緒にやっていくかを考えることが大事だということでしょうか。

藤田　数値で例えると、それぞれの人にちょっとだけ背伸びをして一〇三パーセントぐらいの力で頑張ってもらったらいい。一一〇とか一二〇パーセントだと続かないし、一〇〇パーセントだとつまらなくなる。成果は各人の掛け算で効いてくるわけですから、その匙加減がたぶん微妙で難しいのだと思います。

司会　ビジョンに共感したり価値を共有することが大事だということはわかっていても、それができないから苦しんだり、新しい価値を模索したりするんではないかと思うので、もう少し具体的な話に落としたいと思います。八木さんのつくったデスクライトは、まさにそれを具現化したものですよね。

八木　先ほど僕は電子工学とデザインと機械工学を横断しながら勉強したというお話をしましたが、実際に異なる技術のプロフェッショナルの人たちと仕事する時にすごく大事だと思ったことは「共通言語をもつこと」、つまりしっかり歩み寄って相手の領域まで踏み込んで話し合えるかということです。例えば金属加工の技術者だったらその知識をもったうえで彼らと話すと、ぎりぎりの無理を言っても理解してくれます。自分の専門だけではなく周辺の技術までしっかり理解することが、チームメイキングのポイントかなと思います。

ビジョンと現場をつなぐしくみ

司会　製品開発にあたって八木さんは、ユーザーとしてこれは使いにくいなといった不満や、こんなものがあったら世の中もっと良くなるのに、といった思いを大事にされているように感じます。実際、「不満のストック」という言い方をされていますね。

八木　最初のデスクライトの開発は、自然光に近いLEDを紹介されたことがきっかけでシーズ（注4）から起こったことではありますが、一方で「不満」はある意味、ニーズです。例えばガラケーからスマホに変わると毎日充電しなくちゃいけなくて面倒くさいねとか、日常にはたくさんの不満がありながら我慢したりスルーしたりしていますね。技術者としてはシーズをいろいろ知っておくとともに、そんな誰もが日々感じるニーズを見つけることが大事で、ものづくりのアイデアは両方が混在している時に恐らく偶発的に起こることかなと思っています。

司会　一人だと思いついたら実行に移すプロセスが速いですよね。一方で大きい組織にも利点がある。大

藤田喜久雄 氏

きい組織だからできること、小さい組織だからできること、またその逆の場合のやり方についてはどうお考えですか。

八木　やっぱりベンチャーは資金力はないですし、リソースは本当にないことだらけなんですけど、知恵を絞れば低コストでできることもすごくたくさんあると思います。ビジュアルコミュニケーション（注5）を活用して小さく試してみるということができますし、おっしゃったようにスピーディにできることは、間違いなく強みだと思いますね。

一方で、大企業ではそれができないかというと、最近は社内ベンチャーとかイントレプレナー（注6）といった小さな社内チームをつくっている企業もあり、そういうふうに一回の試作単位を小さくする方向にシフトしている傾向も感じます。それはなぜかというと恐らく変化が速いからで、小さい組織、小さいトライアルのほうが俊敏に変化に対応できるところがあるかと思います。

藤田　例えばデスクライトをつくるとして、全体図を描いてから個別の要素に落としていくとさまざまな面で誤差、つまり理想と現実のギャップがでてきますね。その修正や調整のやりとりというのが実は構造的に結構複雑で、最終的には自分が引き取るぐらいの覚悟を決めておく。変えるならどこかで変えていかないといけないということは、組織の規模の大小はあっても同じだという気がします。

司会 それはものづくりに限らないことではないでしょうか。海外の人と話していて違いを感じるのは、彼らはまずビジョンがあって、それを実現するために必要な個別の要素は、最初はいい意味でいい加減です。最初は粗いけれども、修正するプロセスをていねいに重ねてビジョンに近づけていくのです。日本は逆に個別の要素や技術が全部揃わないと進められないようなところがあって、閉塞感を感じるときがありますね。

八木 日本の大企業の場合、構造が部門制になっていて、各部門は企画部からおりてきた仕様書にしたがって達成するのが個別のミッションになっているので、逆の流れは起こりにくいかなと思います。でも、僕らの場合は十分起こりうるし、だめだったら企画から変更することもあります。

藤田 企画から変えられるのは、企画のさらに上にゴールがあるからじゃないですか。不満の解消とかありたい社会、あるいは言語化しにくいビジョンかもしれませんが、それがあるから企画も改善できる。

八木啓太 氏

八木 そうです。例えばホンダでは、「A00」と呼ぶ、モノづくりの根源的目的の定義を非常に大切にしているそうです。そもそも車をつくる目的は何か。命の安全のためなのか、より人生を快適にするためなのか。それを突き詰められると結構答えられないのではないでしょうか。目的が社員全員に共有されているかという上下のコミュニケーションが重要だと思います。

藤田　しかしそれをやろうとすると、結構手間隙がかかりますね。

八木　同じ規格品を大量生産するときは、上から下に順々におろして逆流しないのが一番効率的でよかったんだと思いますけれども、だんだん世の中の変化が速くなり、今や販売するときに前提条件が企画時と変わっていることも往々にしてあるので、企画を変更できないしくみになっているとかなり苦しいと思います。

今、うちの会社は僕も含めて六名でやっていまして、メンバーに「こういうのをつくりたいけど、どうかな」って提案すると、最初はみんなに「えーっ」ってかなり驚かれるんですけど、ディスカッションしたり各設計のメンバーに課題を分解して落としこんでいくと、意外とできることがあって、まずは最初の目標を設定することが大事だと思います。それがいいかどうかは別として、何か基準をおかないと変更もできませんから。

司会　ものをつくるときの姿勢として、そういうオーナーシップ――八木さんは実際オーナーですけど――を一人一人がもつことが大事で、今の社会がそうなってない原因のある部分は大学の教育のあり方にあるような気がしています。

藤田　横断的な教育がなぜ必要かということを改めて考えてみると、社会のそれなりのしくみを動かしていったり変えたりしていくことは結構面倒というか、内容も多岐に渡り構造が複雑になります。だから必然的に専門分野に細分化して取り組むことになる。それ自体は間違いではないと思いますし、かつては社会の構造もそうは言ってもわかりやすかったから、それでも通用したのだと思います。ものづくりにおいても製品のニーズがわかりやすくて、その開発に必要な技術も専門ごとに輪切りにできた。ところが社会の変化が早くなってアウトプットする先も変化したりわからなくなったりすると、協力して互いの足りないところを埋めていったり、もっているものを掛け算して変化に対応していくことが必要になる。そういう社会になってくると教育のしくみもまた、専門の間を埋めたり、つないだりすることが課題になってくるのです。

ものづくりの醍醐味と落とし穴

司会 以前、八木さんが対談されたお相手の方が、いろんなものや人を集めてやるものづくりは途中すごくしんどいけれど、それが大化けして盛り上がる瞬間があるとおっしゃっていましたね。それを一度経験すると、次の幻想をもってしんどいことも頑張れるし、頑張ったらまた次の盛り上がりが来て、といった繰り返しがものづくりの醍醐味だというようなことをお話されていたと思います。藤田さんが言及された「やり抜く力」も、先々で味わえる何かうれしい気分とか、やり遂げた満足感みたいなものがイメージできると発揮できるわけで、我々はそれを学生に啓示できていない感じもします。

藤田 それは失敗の中にいかにプラスの要素を見つけ続けられるかがポイントのような気がします。結果がうまくいかなくても前進していると思えたら、ちょっとずつ積み上げていける。そこには、具体的なプランが見えるからそう思えるところと、経験ベースでこの程度の失敗は大したことではないと思えるところの両方が混ざっている。例えば、うまくいかないものづくりがあるとします。

八木　はい、実際はほとんどうまくいかないですね。

藤田　それを失敗したと考えるか、答えを導くためにサーチする空間が狭まったと考えるかでモチベーションは全然違うと思うのです。

八木　おっしゃるとおり、研究とか開発って基本的にそうですね。失敗の原因が明確につぶせたときは、それはそれでレベルが一段上がりますものね。逆に、一発でうまくいったことって、再現性がないと思います。要するにまぐれです。だから失敗した中から、何らかの基準を設けて収束させていって、最後にはまったものが自分のビジョンどおりだったというところまでもっていければ、それはほかのビジョンでもたぶん再現できる。そういう経験は、自分たちもよくあります。

藤田　失敗というものをもう少し深く考えると、いきなり失敗するわけではないはずです。試みている中でちょっと危うくなってきたとき、どのあたりで引き返すかという見極めが結構難しい。あんまり深入りし過ぎると疲れちゃうし、傷も深くなる。

八木　僕も大失敗して、経営的にちょっと危機に陥ったこともありますけど（笑）。

エンジニアリングの分野では、最近ラピッドプロトタイピング（時間とコストを軽減して製品の形状のみを早期に作成する試作手法）がかなり進化してきたので、小さなバッチで試して仮説検証し、方向性を適切に調整したうえで一気にスピーディに進めるという手法がとられるようになってきていますね。研究でもそういう概念手法が使われてもおもしろいのかもしれません。

司会　そういったことも、やはりデジタルツールの発達の影響が大きいですね。

藤田　一方でツールが発達して、時間をかけたり苦労したりせずに簡単にできるようになると、逆にツールにもてあそばれてしまうようなこともある。身近な例で言えば、論文一つとっても、ワープロソフトを使って書ける部分から書いて、あとで継ぎ接ぎするような人が増えていて、そのために論旨が通らないこともままある。私はかろうじて最初は手書きで論文を書いた世代ですから、構想時点ではむちゃくちゃ悩むものの、書き始めるときには盛り込むべきパーツが揃っていて筋もシミュレーションできているのですが、ワープロだと安易に書き始められる分、あとで難しくなることもある。

八木 おっしゃるとおりです。逆にツールが制約になることもあります。たぶん根本原理や本質を理解して使える人じゃないと、ツールでできる範囲の中に思考が収められちゃうことがあると思いますね。突然変異的なおもしろい発想が出てこないといいますか。本当はもっと多様になっていいはずなんですけれども。

司会 今の学生を見ていると、多様化と言われる一方で分断化の傾向も感じますし、それは実は同質化でもあるんじゃないかとも思います。例えば、パソコンをめぐってあれの速度はどれだけ速いとか、これは薄いとか、これは二〇〇グラム軽くなったとか研究室で学生たちがすごく盛り上がっていたので「二〇〇グラム軽いことってどれだけ意味あるの?」と聞いたらみんなキョトンとするんです。速くて薄くて軽いものはいいものという同質化した価値観の集団の中で極まっていく傾向もあるのではないでしょうか。

藤田 学生に限らず、分野によっては研究の世界にも何かスペック競争みたいなところはありますからね。

八木 一方で、ルールチェンジしたとたん、全部無効化されちゃったりすることもあります。例えば、デジカメはずっと画質競争をやってきましたが、スマホが出たとたん、画質は低いのにみんなスマホで撮るようになりましたね。それはたぶん、画質競争の向こうにあるニーズ、つまりもっと気軽に撮ってネットにあげたいという顧客のニーズと紐づいてなかったんだと思うんです。

そんな中で、僕自身も肝に銘じていることがあります。かのスタンリー・キューブリック監督(注7)が、どうしても撮りたい映像があって、そのためにカメラを開発したというんですね。つまり先にビジョンがあって、そのビジョンを実現するために必要なツールを用意したわけです。自分も同じようなスタンスでものづくりに取り組みたいと思っています。僕の場合は工業製品ですから、ユーザーの生活をどこまでリアルに想像できるかということを意識するようにしているんですが、つい、もてる技術でつくりたくなっちゃうんですね。

人材の育て方、活用の仕方

司会　八木さんのように学びたいことや、やりたいことが明確にある人は、どんな制度や環境の中でも自分に必要なものを学んでいくわけですが、一方で何がやりたいのかぼんやりしているのが今の多くの学生かと思います。

八木　ただ、大学生のときに本当に受けたくて受けた授業って、みなさんはどれくらいありましたか？　正直、答えるのはなかなか難しいですよね。僕自身も必修科目だから受けていた授業が半分以上だったわけで、自分が学びたいものをつまみ食いするのではなく、うまく編集して学べるようなしくみが当時の僕は欲しかったですね。

藤田　技術と不満という今日のキーワードについて改めて思うのは、一般的にも技術というのはわりと細分化して考えることができて、個別的にも戦術的にもいろんな対策が明確にとれるもの。それに対して不

満は日常的にぼんやりと響いていて、なんだかよくわからないものではないかと思います。つまり本当はこうであったほうがいいということがいろんなところに見え隠れしているのに、なぜか解消できないということが、たぶん世の中には満ち満ちていると思います。

そうした不満は、高度成長期のような時代ではわりと明確で誰もが共有できていたのでしょうが、時代が進んでいろいろなものやことがある程度成熟してくると、非常に個別的で解けにくい問題となっていろいろなことがでてきている。それを関知して、ある程度専門としての知識に基盤をもちながら、どのように向き合い、全体としてまとめていくかという部分を扱える教育なり人材育成を行い、きちっと評価して活用していく。そういうしくみが現状は回ってないということが問題です。

大学、例えば、従来型の工学ではせっせと技術の深掘り——専門分野を掘り進む人が必要だけれども、せっかく研究を進めていること、いわゆる発展している技術を不満の対象に結びつけようとするとダイレクトにはいかなくて、八木さんのような別のタイプの人が出てこないと世の中に届かないということがあちこちで起こっている。その人材を、我々も育てていかなきゃいけないし、大学だけでなく社会、あるいは企業のほうも、どういうものづくりが社会に貢献していくかということを根本のところに立ち返って考え、フィードバックしていただかないと、新しいものがなかなか生み出せない状況になっている。

人材の送り手だけでなく受け手といいますか、大学側と社会や企業側が両輪となって人材の育て方や活用の仕方を考えていかないと、世の中に良いものが出ていかないのです。そういう意味ではぜひ、このCOデザインセンターでやろうとしているような、新しいタイプの教育の模索にはきっと価値があると思っていますので、みなさまにもご支援をいただきたいと思っています。

司会　前回の対談では、大学はいろんな人材が集まる「公器」としてのしくみづくりの必要性が議論されましたが、加えて企業や社会と連携して教育や研究のプロセスを考え続けていく必要があると感じたことを今日のまとめとしたいと思います。どうもありがとうございました。

注

注1：ビーサイズ株式会社（Bsize Inc.）
神奈川県横浜市に本社をおく家電製品のベンチャー企業。LEDデスクライト「STROKE」ほか、子どもの安全を見守るAIロボット「GPS BoT」、ワイヤレス充電器「REST」などを企画設計・製造・販売している。ウェブサイトは http://www.bsize.com/

注2：『やりぬく力　GRIT』

ダイヤモンド社より二〇一六年九月に出版。アンジェラ・ダックワース著、神崎朗子訳。

注3：高大接続

二〇一五年頃から行われている、高校・大学での学びを一貫させようという文部科学省の教育改革、施策の一つ。

注4：シーズ【seeds】

顧客の求めるニーズ（needs）に対して、企業がもつ事業化・製品化の可能性がある技術や材料、ノウハウのことで「製品化の種（seeds）」の状態であるもの。

注5：ビジュアルコミュニケーション【visual communication】

図や写真、映像等を中心にした視覚的なやりとりのこと。

注6：イントレプレナー【intrapreneur】

企業内において新しいビジネスを立ちあげる際、その責務を担うリーダーとなる人材を指す。社内起業家。

注7：スタンリー・キューブリック【Stanley Kubrick】（一九二八－一九九九）

アメリカのSF映画監督。代表作に『２００１年宇宙の旅』『ロリータ』『時計じかけのオレンジ』など。

学びが「生まれる場」のつくり方

鼎談者　小笠原舞・小竹めぐみ（合同会社こどもみらい探求社 共同代表）
池田光穂（大阪大学COデザインセンター 教授・副センター長）

司　会　八木絵香（大阪大学COデザインセンター 准教授）

私たちが何かを学ぶとき、そこはどんな「場」になっているでしょうか。そしてその「場」ではどんなやりとりが生まれているのでしょう。今回は保育所という子どもたちの既成の学びの「場」を飛び出して、企業や公共施設、地域コミュニティなど、より開かれた「場」で「子どもと大人」「子育ての現場と社会」をつなぐ活動を実践する二人の保育士起業家、小笠原舞さんと小竹めぐみさんを招き、これからの社会に求められる学びの場のつくり方について考えました。子どもたちの力を借りながら、社会に、そして未来に向けてアプローチするお二人との対話を、新たな学びの「場」づくりを目指す大学教育へとつなぐには？

鼎談者プロフィール

小笠原舞［おがさわら まい］
小竹めぐみ［こたけ めぐみ］

2013年、「こどもにとっていい」モノ、コト、ヒトをベースに、商品開発、人材育成、空間デザイン、マーケティングなどを行う合同会社こどもみらい探求社を設立。多様な企業・地域とのコラボレーションを通して、子どもたちがよりよく育つ環境づくりをしている。著書に『いい親よりも大切なこと』（新潮社 2016）がある。

池田光穂［いけだ みつほ］

専門は、中央アメリカ地域をフィールドにする文化人類学（とくに医療人類学）。国際保健医療協力のボランティアとしての活動経験から、多元的医療体系についての文化人類学的理解について長年研究を行う。コミュニケーションデザインに関する研究にこの10年間専念してきた他に、犬自身の気持ちになり犬からみた自分たちの研究を狗類学（こうるいがく）と名づけ、そのような学問が本当に可能なのかについて探究している。

司会　今日は「学ぶとはどういうこと」で、「ああ、自分は学んでると感じる瞬間はどんなとき」で、「学びが生まれる場所はどうやったらつくれるのか」といったことをお話ししたいと思います。事前の打ち合わせで小竹さんから「何てお呼びしたらいいですか。池田先生？」と聞かれて、我々ＣＯデザインセンターでは教員同士も学生も「先生」とは呼ばず「さん」づけを基本ルールにしているとお答えしました。これは教える側と学ぶ側という固定された関係を取り払って学びあうことを大事にしているからで、実は小竹さんたちも、ニックネームか下の名前で呼び合うことを基本とされていると聞き、理念が共通していることで話が盛り上がりました。

小竹　私たちは普段、老若男女を問わず「舞ちゃん」「めぐちゃん」と呼ばれています。呼び方ってすごく大切で、子どもも大人もニックネームで呼び合うことを徹底した時から、関係性が急速に深まっていくように実感しています。今日もそんなふうにお互いを呼んでしまうかもしれませんが、ご了承いただければと思います。

池田　お二人は「保育士起業家」という肩書きをおもちですね。今日はお二人のビジネスモデルを盗んで大阪大学で活用させていただく――もちろんお二人の役にも立つつもりで対話を進めていきたいと思います。

小竹　初めに少し自己紹介をしますと、私は家族の多様性が気になって、保育士をする傍ら世界中いろんな家に入り込んで家族のあり方・暮らし方の違いや共通点を観察してきました。例えば食事の前後の様子が気になるんですね。家族間でどんなやり取りを経て食事の時間が生まれ、終わり方はどんなふうかといったことを観察する――それをフィールドワークというんだと後になって初めて知ったんですが――そういうことが大好きな人間でした。

一〇年ほど前、この多様性が実はものすごく大事だということに気づき、講演会などで発信する活動を始めまして、その後、小笠原に出会って独立・起業しました。

小笠原　私は会社員を経て保育の現場に入り、小竹と会って起業するというようなプロセスを踏んでいます。振り返ると小学生時代、転校を重ねる中でハンディをもった友人と仲良くなり、自分たちと何にも違わないのにいつもちょっと冷たい目で見られる彼女を横にして、幼いながら社会への疑問のようなものをすごく感じたり、高校生のときに町の中でおじいさんが困っているのを見て、それを誰も助けない社会ってどうなんだろうと義憤を感じたりしながら過ごしてきました。その中で福祉という言葉を知り、大学は福祉を学べる学部に進学し、自閉症の子どもたちが通う施設でボランティアをしながら子どもたちと大人たちのいろんな関係性を見てきました。卒業後、一度は企業に就職して営業の仕事などをしていたのですが、転職をして保育士になりました。

私はどちらかというと俯瞰的に物事を見るのが好きで、社会の仕組みをどう変えたら子どもたちのもっといい育ちがデザインできるかとか、親御さんが自分らしく子育てをできるかとか、保育士×社会デザインの視点で活動しています。

小竹　保育士として勤めていたときは親や家族と手をつないで子どもを育てることを考えていたんですけど、子どもは自身で育つ力をもっていて、その環境こそが大事だったんだということに気づいていきました。個々の子どもに直接向き合うことを越えて、社会をつくっている人たちと手をつないだほうが近道じゃないかと思ったことが、会社をつくった経緯です。二人で起業をしたんですが、感じ方や考え方は意外と真逆なことが多くて、そここそを互いに楽しんでいます。そのあたりもお話の中で感じてもらえたらと思っています。

池田　実際にはどんなことをされているんですか？

小竹　メインはコラボ事業をしています。子ども・家族をキーワードに相手の分野や業界と手をつなぎながら、そのジャンルに新しいものを生み出す、あるいは発展させます。簡単に言えば「子どもがよりよく育つ環境づくり」ですね。例えばこちら（写真1）は鉄道会社さんから、駅にごみが落ちていると、利用客

写真1：東急電鉄より相談を受け、駅に愛着をもてるように親子イベントを他社と共同で提案。2014年5月5、6日 二子玉川駅にて開催。

写真2：Nikken Activity Design Lab. とともにこれからのパブリックスペースを考えるための実験企画。2016年9月20、21、23日 日建設計本社ビル1Fにて開催。

に「汚い、なんとかしてくれ」と言われてしまうけれど、利用客に自分事としてそのゴミを拾ってもらうにはどうしたらいいかという相談を受けました。幾つかの団体様との共同企画だったのですが、じゃあ、駅という場所でいい時間を過ごしてもらって愛着を感じるような体験を届けましょうということになり、駅をジャックして親子が楽しめる仕掛けをいっぱいちりばめました。するとこの日、ものすごい数の人たちが駅にやって来てくださり、駅であることを越えて、思い思いに楽しい経験をしていただき、第一歩を踏み出すことに成功しました。

写真3：2014年6月～現在、東京クラスはお寺で、京都クラスはオフィス会議室にて開催。親同士が本音で話すことができる3時間のプログラム。

こちら（写真2）は、日本からどんどん減ってきている、パブリックスペースの可能性を、もっと広げられるような実験がしたいという、建築会社の方からご相談で、子どもが大事にされるパブリックスペースを、一番子どもとは縁遠い、企業の中でつくってみようという実験をすることになりました。普段はだだっ広いだけの会社のエントランスを使って、子どもが安心できる、リラックス空間を生み出そうというものです。他には、保育士さんの支援ツールをつくったり、店舗をもっている会社さんとは、新しい顧客の開拓をしたり、固い頭を柔らかくするために子どもに学ぶ研修シリーズを企画したり、子どもや家族というキーワードから、いろいろな業界の方とコラボレーションをさせていただいています。

小笠原　自主事業も二つありまして、園舎をもたない「おやこ保育園」（注1）（写真3）というものをやっています。これは親子で参加し、保育士の子どもとのかかわり方を間近で見ながら、自分らしい子育てのやり方をつかんでいただくというものです。このプログラムが大変好評で、実は先ごろ書籍にもなりました。

司会　『いい親よりも大切なこと』（注2）という本ですね。

小竹　さらに、究極的に、場所も時間も何も規定せずともコミュニティはつくれるんじゃないかということで、自分のペースで参加できる「ほうかご保育園」（注3）というものをウェブで展開してみたところ、これもすごく好評で、今四〇組あまりの親子が登録してくださっています。これは月一回登園日をもちながら、通常は悩みごとや情報交換をメインに、やり取りをウェブ上でしていくことで成り立っています。

子どもだからできること、大人だからできないこと

池田　非常におもしろいことをいろいろ試みておられますね。それは実際、ビジネスとして成り立っていけそうですか。大阪弁でいうと「儲かりまっか～」というところなのですが（笑）。

小笠原　そうですね。合同会社にして一期目はイベントのような単発のお仕事が多かったんですけれども、保育士としていろんな子どもたちや親御さんの考え方を踏まえてより多くの人が楽しめる共通項を見つけてご提案できるので、今ではこちらから営業活動をせずともお仕事をいただいているのが現状で、本当にありがたいです。

池田　大変うらやましいとともにおもしろい。今まで保育園の中でだけ、もしくは保育園の間で水平展開

ってきているわけですね。ものすごい価値の転換です。

小竹　大事にしているのは、子どもの気持ちや子どもの本当の姿を代弁することです。ターゲットが親御さんになってしまうと、売れるものをつくるという方向にだけ行きがちなんですね。ただ、起業してみて感動したのは、本当に子どものことを思って開発されていると感じる企業がすごく多かったことです。そういう方たちとなら、対話をしながら企画を展開していけます。私たちも会社も子どもたちのおかげで成り立っているようなところもありますね。

池田　舞ちゃんは独学ということですが、二人とも保育士の免許をもっていらっしゃるということは、保育士になるための既成の教育を受けられたわけですね。保育で大切な力や着眼点、行動の仕方など、いわゆる座学で学んだことと実際の保育の現場、さらに現在、こどもみらい探求社での経験との共通点や違いは何でしょうか。

小笠原　保育士の現場ではクラスを担任していたわけですけれども、仕事の内容は子どもに向けたファシリテーション（注4）そのもので、いろんな関係性をフェアに見ながら、引き出し、デザインしていくというものでした。子どもたちとはもちろん、保護者、同僚、園長、地域の方々……と、実にいろいろな種類の人たちとのコミュニケーションが求められます。また、自分の言葉や行動一つが直接子どもたちの未来につながっていくので、自分自身も成長させてもらえる職業だとすごく思いました。そういったことはなかなか座学では学べないですね。

司会　私も一つ伺っていいですか。保育士さんに限らずどんな職業でも、いろんな人をつなぐことで生ま

小笠原舞 氏

れてくるものはたくさんありますが、その必要性を理解することや、それが能力としてできるということと、実際にやるということのあいだには、もう一つジャンプが必要ですよね。人は一定の知識までは教科書などで与えられて、みな同じような機会をもっているけれど、そこで積極的にいろんなことをやってみようとクリエイティブにチャレンジする人と、無難にいこうとする人に分かれます。その違いは一体何なんでしょう。

小竹　実際の保育現場の状況を聞かれたときの問題がまさにそれです。子どもの個性を大事にすることを中心にすえる保育業界では、実は大人の個性が置き去りにされてしまいがちなんです。例えば保育士自身がみな似たような髪型をして似たような服装をして似たようなお遊戯をして、行事といったら「去年は何やったっけ」なんていう言葉が飛び交ったりする。だけど時はどんどん進んでいて、子どもも、社会も変わっていきますよね。

司会　大学の場合、クリエイティブな人を育てて社会に送り出していきたいと思っていますが、それができるかどうかの違いは、結局その人の個性なのか、学びや経験の差なのか、それとも何かきっかけがあるのか、もう少し話し合えればと思います。

池田　今の大学教育の最大の問題は、教授が学生から学ばなくなるということですよね。自分は教えるだけ、あるいは自分が知識の中心で、学生にはラボでいろんなものづくりとか実験とかをやらせて、論文にするときには筆頭著者としてその成果を吸い上げる、というようなやり方。若い学生たちは、そういう座敷牢のようなシステムの中で、いつかおれがトップになってやると思っている。そんな形で学生は生き残るんですね。だから全く民主的じゃないのです。

それを転換するには、教える側の人たちが学生の側の目線にどれだけ近づけられるのか、技みたいなものが必要です。それは学生と一緒に考えてみようとか、一緒に悩んでみようとか、教育の現場で、教室の中であるいは研究室の中で、どれだけそういう場があるかによって、ひょっとすると違うのかもしれませんね。

小笠原　私たちもつい大人が上で子どもが下とか、勝手な思い込みでできあがった社会の概念みたいなものがしみついていたりするのですが、そういった時に子どもから学ぶことがすごくたくさんあります。例えば私が初めて担任をもったのは一歳児クラスだったんですけど、ずっと庭に座ってる子がいるなと思って近づいてみたら、楽しそうに何かタンポポにしゃべりかけているんですね。片隅のタンポポを美しいと思ってしゃがみこんで見るなんてこと大人になったらしないなと思うと、子どもにあわせて過ごせる時間や空間は何よりも私の宝物だったし、保育

小竹めぐみ 氏

池田光穂 氏

の醍醐味かもしれないと思っています。

もちろん子どもだからできないこともあるんですけど、同じように大人だからできないこともある。今、社会では多様性が大事だと言われていて、子どもと大人の違いは成長の段階によっても異なってきますが、根本は同じ命、同じ人権をもった人として対等だということがわかっていれば、保育をしていても自分の時間と相手の時間をどういうふうに合わせて過ごしていくかとか、もっといろんな関係性が変わってくるのかなと思います。それはどの教育現場でも一緒なのかもしれない。

小竹　私は学びにおいてすごく大事だと思っている共通点があるんです。例えば今、私が肩に掛けているこの布を何色だと思いますか。

司会　緑かな。

池田　何というか複雑な色。

小竹　今「この緑のストールを見てください」と言ったら、「はい」で終わると思うんですね。でも「何色だと思いますか」って聞かれると、「緑かな、黄緑かな」と迷ったり、わからなかったりして、もっとよく見ようとするでしょう。わかっていると決めつけてしまうことが多ければ多いほど、見ようとしなくなって大きな違いを見過ごしてしまうといつも思うんです。本当にそうなのかなと思いながらよくよく見ていけば見えてくるものがある。

私は仏教関係の方ともいろいろご縁があるのですが、お話を聞いていても、何でも知ってますというオーラを醸し出しておられる方のお話は、つまらないことが多い。素敵だなと思うお坊さんの共通点は、「知らない」「知りたい」ということをときめくような目で言ってくれるんですね。もしかしたらそれはどの業界でも同じで、わからないということをポジティブにとる力というか、その視点が学びを分けるんじゃないかなと感じています。

「育つ」って、どうなること？

司会　少し話を戻してお聞きしたいのは「育つ」ってどういうことなのかということです。イメージとしてはプラスの方向に向かっているように語られることが多いのですが、先ほどおっしゃったように、育つ過程で何かができるようになるということは、別の何かができなくなっているということですよね。

小竹　私は育つことって、時が経つこととイコールのように感じています。その中で目指す方向を決めてみな同じように向かっていくことは窮屈な育ちといいますか、私は求めていないところがあります。時を生きるということは常に何かと出会い続けていくことですよね。そしてその出会いが自分に何かを気づかせてくれたり、リニューアルしてくれたりする。そんな感覚があります。

小笠原　育つって、結局、本人しかできないことだなって私は思います。例えば、「私はこうだったからこうしたけど、あなたはどう？」というふうに経験値としてお勧めしたり提案することはできても選ぶのは結局本人だし、その経験自体もうまくいくこととといかないことがある。それは大人になっても同じことで、それに自分で対峙して、失敗しても成功するまでやり続けることを選ぶかどうか。何かそうやって自分で選んでいくことが育つということではないでしょうか。もちろん選択のきっかけを与えることは保育士もできると思いますけど、その子が興味をもつ選択であるかどうかは子どもにより違いがあって、きっと適材適所で変わってくる。

池田　育つという言葉は現在の我々にとって、ものすごくポジティブな言葉だよね。でも育てるとか、育たなければならないとか、強制になると非常に重たくなる。みんなが自由に育っていいはずの現場ですら、重圧に耐えきれなくなる。大学なんて好きな単位が取れるし、授業のメニューも選びきれないほどあるんだけれども、そういう中でもこの単位はあまり専門に関係ないとか、この単位は専門に必要だからという形で、選択にはものすごく不均衡が生じるんだよね。そういう意味で、大学の現場は一見自由度があるけど、実際の学生たちの選択の幅はものすごく狭い。非常に命令的な選択肢の中で誘導されている部分があるんですね。

だから、育つという意味を解放するためには、知識が多いほうがいいとか成熟しているほうがいいといった価値基準ではなくて、先ほどの舞ちゃんのお話に出たタンポポとおしゃべりする能力を身につけるというようなことを身につけるようにする。大学の場合、「タンポポとお話できる能力」なんていうと学内でブーイングが出るので、「子どもの気持ちを理解できるようにする」といった形で少し表現のハードルを上げる必要はあるかな。そう！　一番根幹の部分である学ぶということはどういうことなのかを、それぞれの分野の中で問い直さないと、大学の授業というのは変わらないかもしれない。それは言えると思いますよ。

司会 一方で「育つ」ことを重ねて大人になっていく過程は、だんだん世の中の厳しさを知っていくというか、試練が増え、喜びや楽しみが減っていくというイメージも一般にあるようですけど、逆に喜びや楽しみを増やす方向での育ちを可能にするにはどうしたらいいんでしょうか。

小竹 私自身は、過去や未来ではなく、〝今〟が一番いいなと常に思っているタイプです。初めてそう感じたのが友人たちと旅行に行き、高速道路のパーキングエリアに自由に寄れたときで、すごく嬉しかった。なぜかというと、昔は父親が車を止めてくれないとそこで売っている焼き鳥とかアメリカンドックとかが食べたくても食べられなかったわけですから。小さなことかもしれませんが、こんなふうに大人になるとさまざまな場面で自由があるはずなのに、心の中に蓋をしていると、どこにいても自由にならなくなってしまうんですよね。「好きに選んで。あなたの人生だもんね」と、私はよく言うんですが、選択はいつでも自分の自由だと思い続けていると、いろいろな意味で本当に自由が増えていくと感じています。

小笠原 今の私たちの周りには、当たり前にものが溢れているので、選択しているという感覚をあまりもたないまま無意識に選んでしまっているんじゃないでしょうか。私もそうでしたが、朝起きたら、準備して出勤して働いて……というように流れ作業みたいに生きちゃっている。そうではなくちょっと遠回りして歩いてみるとか、めぐちゃんが言ったように、本当は自分で選択できることは日常的にたくさんあると思います。そして自分が選んだことだったら納得するし、失敗しても次に頑張ろうと思えると思うんです。

一定の価値観からの解放を

池田　大人には自己決定する能力があって子どもにはないとか、子どもは無秩序に何でもできて大人はさまざまな社会のルールに規制されるというところが、大人と子どもの概略的な定義だと思います。でも僕は全く違った子どもと大人の定義をしたい。まず大人の定義は「子どもになりたい人」で、「子どもじゃない人」。子どもの定義は「早く大人になりたい人」。つまり人はどういう状態でも自分に与えられたカテゴリーに重圧を感じていると思うんです。自由でないとか子どもを解放するとか、今議論している問題は、例えば教えていただいた「こどもみらい探求社」の新しいビジネスモデルを使って、もし私が「大人みらい探求社」を考えるとすると、やはり大人もその役割から解放してあげないといけないと思う。うまい答えにはなってないけれど、子どもを解放するためには、まず大人が解放されなければならないというのが、私の話の主旨です。

小竹　今の池田のおっちゃんのお話を聞いて、私自身、あることを意識し始めてからすごく自由になったと思うことがあります。それは〝終わること〟を受け入れるということです。大人になると、いろんなものを続けたり付加したりすることが多くなっていきますね。つい途中でやめちゃいけない気がして続けていると、いろんな着物を次々と肩に羽織っていくような感じで、いつの間にかすごく重たくなって身動きとれなくなっていたりする。それは肩書きとか、外部からの評価もそうですね。でも実は終わることは決して悪いことじゃないし、始めるためには何かが終わらないといけなかったりする。終わらせることをポジティブに受け入れだしてから、私自身は大きく変化したように思います。

司会　子どもがいるほうが豊かな人生だとか、学びが多い人生のような価値観で話されることがすごく多いんですけど、逆に子どもがいたらわからなくなることもたくさんある。子どもと一緒に人生を歩いた人は、逆に子どもがいない自分の人生はなくなっているし、留学をした人は、留学を一度も知らずに日本に居続けた人にはなれない。その場合、子どもがいたほうがいいとか留学しているほうがいいというような、何となくの価値観を疑ってみてもいいのかなと思ったりしますね。

あと、拝見した資料の中でいいなあと思ったのが「違いこそがギフトである」という言葉でした。それは学びの違いとか経験の違いは、個人にとってのギフトだし、社会にとってのギフトなんですね。ところが、さっきの「育つ」をめぐるお話でも出た、良しとされる一定の到達点があって、そこにみなが向かっていく感じが、すごく学びの場を苦しくさせているのだろうなと感じました。

学びが生まれるとき

司会　今までのご経験の中で、これはいい学びだなと思ったことはありますか。

小竹　どれを言ったらいいのかなというぐらいありますが、保育士をしていた時の例を一つお話します。当時、三〇人もいる五歳児クラスを受けもっていたのですが、お昼の時間は早く食べ終わって動き回る子やいつまでも食べてる子、こぼす子、喧嘩する子とか大わらわで、とても一人じゃ手が足りないんですね。私も忙しい気持ちが先にたち、いつもすごい勢いでご飯をかき込んで、子どもたちの世話をしていました。

ところがある時、自分が言っていることとやっていることが全く違うことに気づいたんです。子どもには「よくかんでね」とか「楽しく食べようね」と言いながら、当の私はすごい汗をかきながら、眉間にしわを寄せて食事をかき込むように食べていたんです。そこで思い切ってあれこれお世話するのはやめて、私もお昼を楽しむというモードに切り替えてみたところ、こぼす子は自分で掃除しなきゃいけないのは面倒だからこぼさないように気をつけだしたり、一人で食べることが難しかった子も自分なりに一生懸命やろうとするので、結果的に自力で食べることが上手になったり、いろんな協力体制ができたり、今までなかったコミュニケーションが生まれたり……。これは私自身の大きな学びになりました。

池田　学ぶときにワクワクするような私自身の経験について、三つキーワードをあげますと、一にごた混ぜ、二に逆転、真逆、三に無責任。この要素が入ってくると、目から鱗が落ちるようなことがたくさんおこります。

最初のごた混ぜは、大阪大学も社会人に授業を開放していることです。私たちCOデザインセンターではアクティブ・ラーニング（注5）の一つとして対話型の授業をしていて、そこに来られる社会人の方はさまざまですが、ものすごく経験豊かだし、我々の全然知らない経験をたくさんもってらっしゃるんですね。今、「認知症コミュニケーション」（注6）という授業をやっているんですけれども、ご家族の中の認知症の生《なま》の経験が語られるので非常におもしろい。もちろん外国の人たちもいて、それもごた混ぜの効用ですね。

次に、逆転です。授業でディスカッションしたことを、順番に代表者を決めて学生にプレゼンしてもらうんですけど、ある日大学院生が私のスピーチの物真似をするといって、貧乏揺すりをしながら、下を見てひたすらしゃべったんですよ。しゃべり方まで真似されて「おれってこんなに不快な教員だったのか！」と思い知る経験をしてから、授業中話すときにはなるべく貧乏揺すりをしないようにしようとか、今日はちょっと雰囲気変えてみようとか、自分を見直す気づきができました。

一番最後は、無責任です。これは授業で認知症のご夫婦を二組お呼びすることがありました。認知症の夫婦といっても配偶者は健常者なのですが、授業の設計としては四人みんなにスピーチしてもらう。その後「はい、この中で認知症の人は誰でしょう」と聞くところから授業を始めるんです。認知症の人を茶化すようなこんな無責任な授業は、一般の人から見たら異常な事態ですよね。反倫理的というか反道徳的。だけど実際に授業が終わってみると、ゲストに招いた認知症のご夫婦が非常勤講師になったような状況で授業が展開されている。生徒が先生を茶化すのがオーケーなように、無責任といいながら実は無責任じゃない状況をつくりだす授業設計をする。

つまり教員は何か教えないといけないとか、学生は教えてもらわねばいけないという一方的な関係性をはずれて意識が変わったときに、授業という一種独特の義務とかプレッシャーから解き放たれて、新たな学びが生まれるんです。それは一般の社会の中にもあって、この人とはこういうふうにつき合わないといけないといった既成の枠がはずれたときに、ものすごく解放感を感じますよね。それを教室の中でやってみたのですから、本当にワクワクするような学習の現場であったと思います。

学ぶことは生きること？

司会　池田さんのお話を聞きながら、学びはいろんな意味で多様であるべきだと思いました。大学にしても、授業のすべてがアクティブ・ラーニングでもちょっと困るし、一方で今は知識偏重のほうにいき過ぎているということもあります。保育所もきっと同じように、全体のバランスが大事だとお話を聞いていて思うところです。

小笠原　私が一番衝撃を受けた学びは、やはり一歳児クラスの担任をしていたときですね。一五人の子どもたちを三人の保育士でみていたんですが、一歳児というと歩いている子といない子がいて成長の差が大きく多様な時期ですが、共通しているのはまだ話せる言語がないということ。それなのに、子どもたちは言語がないなりにその子らしさみたいなものを互いに見つけて、コミュニケーションをとりながらクラスができあがっていく。人って何も教えなくても勝手に学ぶし、人を認める力ももっていることを子どもたちから直接教えてもらい感動しました。

結局、子どもだからわかってないでしょとか、もっとお友だちと仲よくしなさいとか、大人が教えていくのではなく本人が心を痛めながら、あの子とは仲よくしたいから謝ろうと自分で考えられるようになるのが本当の学びなのかなと感じています。

司会　最後に一言ずつお願いします。

小笠原　今日出会えたみなさんが、私たちの話をきっかけに何かしら子どもたちを見る目が変わったり、子どもたちから学びを得ていける社会になったら素敵だなと思います。大人はぜひ楽しんで子どもたちを観察してほしいと思います。

小竹　私の場合、学びという言葉に実はあまりピンときていないというのが正直なところで、普段から学びというキーワードが私にはないんですね。もちろん周りからは「すごい学んでるね」とか言われたりするんですけれども、私の中での学びは「する」ということを越えたところにある気がしています。もやっとした言い方で申しわけないのですが、学びってただここにいるだけでもう起こっていると思います。何かをしないと学べないというものではなく、それは暮らしの中に組み込まれていて、本気で暮らすとどれほど学びに満ちていることだろうと思うんです。それは保育においても同じで、「保育とは？」と聞かれるときも「ただ生きることです」と答えたりするんですけど、生きるということの中に詰まっているものを自分が感じられるか、感じられないかというところに大きな差があるなあって思うんですね。

そんなふうに、私は感じることを大事にしながら日々生きているので、今日はいろいろキーワードを与えてもらったことで、自分の感じ方について確かめたり改めて考えたりすることができました。またいろんな問いを分かち合える機会があったら嬉しいなと思いました。

池田　私の結論は、学ばなくてもいい社会がきたらいいなあと（笑）。そういう社会をつくっていけたら、社会はどうなるでしょうか。

二〇〇二年に亡くなったイヴァン・イリイチ（注7）というカトリックの神父で、社会思想家の人がいます。彼は『脱学校の社会』という著書において、学校というところは実は子どもたちを教える制度とか施設ではなく、子どもたちを社会に統合させるための儀礼をたたき込む、いわゆる訓育の場所になっていると批判していました。要するに人間を機械にしている現場だというんですね。

彼は教育以外にも近代医療、労働、読み書き能力といったことに対して、別に医者なんかいらないとか、字を知らなくてもいいとか、非常に極端な発言をした人なんですけれども、その中で衝撃的な言葉があります。そもそも我々は働かないといけないし、労働の中に喜びを見出すという世界の中に生きているんですが、それに対して彼は「創造的失業の権利」ということを言っています。それは要するに、クリエイティブなことやアクティブなことをするためには、仕事しなければならないという観念から解放される権利があるというもので、その意味については私自身も書物を読んだ限りではまだよくわからない部分が多いので、次にみなさんとお会いするときにまたディスカッションしていければいいと思います。私はホームページなどでも日々いろいろ書いてアップロードしていますので、今日を機会にみなさんと学ぶのではなくてコミュニケーションを続けていければと思います。

司会　今は社会の環境がすごく厳しいので、こういうことは大事だと思いつつも実際はそうなっていないところで私たちは日々生活していますね。そういう立場から見ると、今日の議論は無責任に聞こえる側面もあるだろうと自省的に思います。それでも大学はその無責任に対して責任をもって話し合う場所をつくっていかないと、いろんな形での豊かな学びというのは、この先々難しいのかなと思ったことを最後のコメントにいたします。ありがとうございました。

注

注1：おやこ保育園
　こどもみらい探求社（http://kodomo-mirai-tankyu.com）が主宰する親子で参加する一〇回シリーズ卒園型のプログラム。

注2：『いい親よりも大切なこと』
　新潮社より二〇一六年一二月に出版。小竹めぐみ・小笠原舞著。「おやこ保育園」の独自メソッドを書籍化したもの。

注3：ほうかご保育園
　「おやこ保育園」を発展させた、親子で参加できる会員制オンライン保育園。活動はオンラインでの情報共有を中心に行っているが、月一回の登園日もある。

注4：ファシリテーション【facilitation】
　会議やミーティングの場で発言や参加を促したり、話の流れを整理したりすることにより、参加者の活性化・協働を促進させること。

注5：アクティブ・ラーニング【active learning】
　学びたい人が能動的（アクティブ）に学習（ラーニング）に参加する方法の総称。技術や社会環境の変化が激しい中、将来にわたって必要なスキルを身につけさせる学習法として注目されている。

注6：「認知症コミュニケーション」
　大阪大学で開講されている科目の一つで、「認知症」と呼ばれる人のコミュニケーションを通して、人に共通するコミュニケーションの課題を考えることを目的とした授業。

注7：イヴァン・イリイチ【Ivan Illich】（一九二六―二〇〇二）
　現代産業社会批判で知られるオーストリアの哲学者、社会思想家、文明批評家。

4

未来を動かす人とテクノロジー

対談者　若林 恵（『WIRED』日本版 編集長）
平川秀幸（大阪大学COデザインセンター 教授・副センター長）
司　会　八木絵香（大阪大学COデザインセンター 准教授）

インターネットの登場以降、デジタル・テクノロジーはすさまじい勢いで世界の様相を一変させました。人工知能など、さらなるテクノロジーの進展が予想される一方で、それらがもたらす環境破壊や公害などのリスクも3・11以降、誰もが知るところとなっています。そんな功罪取り混ぜたテクノロジーと社会の関係をメディアの立場から見る若林恵さんを招き、研究の立場との異なる視角を交錯させながら未来のテクノロジーと人や社会のあり方を考えました。「未来は意思の発動によってつくりだすもの」と言う若林さんの言葉は、新たな教育を目指す大学の視座とも重なります。

対談者プロフィール

若林 恵［わかばやし けい］

ロンドン、ニューヨークで幼少期を過ごす。早稲田大学第一文学部フランス文学科卒業。大学卒業後、平凡社に入社。『月刊 太陽』の編集部スタッフとして、日本の伝統文化から料理、建築、デザイン、文学などカルチャー全般に関わる記事の編集に携わる。2000年にフリー編集者として独立し、カルチャー雑誌の編集、執筆に携わるほか、書籍・展覧会カタログの企画・編集も数多く手がける。2012年1月に『WIRED』日本版編集長に就任。

平川秀幸［ひらかわ ひでゆき］

専門は、科学技術社会論（科学技術ガバナンス論、市民参加論）。もともとはバリバリの理科少年だったが、理学修士をとったところで文転。2回目の修士課程（博士前期課程）で哲学、科学思想を学び、博士後期課程から守備範囲を社会問題寄りにシフトする。（財）政策科学研究所客員研究員、京都女子大学講師を経て、2005年大阪大学に着任。著書に『科学は誰のものか　社会の側から問い直す』（日本放送出版協会 2010）。

司会　現代はいろんなテクノロジー、あるいは科学技術というものが私たちの社会をいろんなふうに変えていっていますが、その変化は良い面だけではなく悪い面もあると思います。今日は、そういう観点からお二人にテクノロジーをめぐってお話しいただきたいと思っています。まずは若林さんのお仕事を簡単にご紹介ください。

若林　私は『ＷＩＲＥＤ』というメディアの編集長をやっています。このメディアはもともと一九九三年にアメリカで創刊された雑誌です。九三年というとインターネットが世の中に現れてパソコンが広まり始めた頃で、デジタルテクノロジーは世の中をどう変えていくのかというようなことをレポートするメディアとして立ち上げられました。その流れとしては、六〇年代、アメリカ西海岸のヒッピー（注1）の流れをくむカウンターカルチャーの中で生まれたデジタルテクノロジーを推進してきた人たちがいて、その主旨や論調には基本的に反体制的な態度があります。もっとも、そうした底流のない日本ではそこまで反体制的な側面は打ち出してはいないですが、海外のデジタルテクノロジーにまつわるいろんな事象を日本語に翻訳しつつ、日本で起きていることも取材、発信しています。

平川　次号（二〇一七年二月一三日発売、特集名「サイエンスのゆくえ」）では科学を特集するそうですね。これまでテクノロジー、技術というものに焦点を当ててやってこられた中で、あえてテーマを科学に振ったのはどういう狙いですか。

若林　科学者と名乗る人たちに、ちょっと喧嘩を売ってやりたいかな、と（笑）。以前、あるカンファレンスで高名な宇宙物理学者が「僕らが学生だった頃は、宇宙や原子力の研究が花形だったけれど、自分が今学生だったら、絶対人工知能をやってる」と言っておられたんですよ。それを聞いて、なんだ、科学者ってのは単に経済トレンドに追随してるだけじゃんかって、結構どん引きしたんですよね。要するに宇宙研究が流行るのは、国がその分野にお金を大量に投入するからで、結局、原子力もそうですし、今の人工知能もそうなわけで。

　とすると、科学者のモラルだとか科学の真理だとかいくら言ってみたところで、所詮は金の話か、としか見えなくなってくるわけでして。三・一一の時だっていろんな研究者が出てきていろんなお話をされてましたけど、結局は自分たちの給料を払ってくれる組織にとって不利なことは言わないわけですよね。科学をめぐるこの不幸な様相は、おそらくは構造的な問題で、しかも誰かが何かしたらどうなるっていうほど簡単なものではなく、かなり根の深い問題だろうという気がします。ただ、そのことに科学者があまりにも無自覚すぎるように見えるんですね。

司会　そのあたりの問題は、平川さんのご専門ですね。

平川　僕は、科学を社会学的な目で見るので、今おっしゃったことは科学者個人レベルでの話ではなくて、システムが一番問題なんだろうと思っています。経済の潮流とか大きなシステムの中で動いているのに、一方で科学者個人としてのロマンとか真理とかの話で語ってしまうところに、誤魔化しというか、ある種の虚偽意識を感じるんですね。

若林　そうそう。

司会　科学者は誤魔化しているというより、無自覚だという言い方もできますね。

若林　だとしたらよりタチが悪いと言えるかもしれませんよ。平川先生が、おっしゃったようなシステムの話がある一方で、科学者自身の人生みたいなものも問題に絡んでいると思うんですよ。例えば誰だって自分が何年もかけて一生懸命やった研究が結局何の意味もなかったなんてことは思いたくないでしょう。すると、その時点ですでにある種の思想的な偏りや思い入れが入っているわけですよね。その時点で、すでに「真理」を語ることの困難に突き当たるはずだと思うんですが、そうしたことにも科学者がなぜ無自覚でいられるのかが僕にはさっぱりわからない。言いたい放題ですみません（笑）。

問題は政治か経済か、はたまた民主化かポピュリズムか

平川　僕はかつて科学哲学を勉強して、その後、今の科学技術社会論、つまり科学技術の発展が社会にもたらすメリット＝利益と同時に、その裏にあるリスク＝危険性の問題を考える分野に重点を移しました。それは科学そのものが実はかなり政治的な存在であることを棚の上に上げて、そのピュアな論理の部分だけに科学哲学が注目しているところが何か嫌だったんですね。

例えばガストン・バシュラール（注2）というフランスの科学哲学者には、第二次世界大戦前から後にかけてたくさんの著作があるんですが、広島の原爆について書かれているのはたったの一行です。そこにはある種の彼の深い考察があったとは思いますが、僕にとってはどうしても物足りなくて、原発などの問題も含めてもっと生々しい世界に関心を移したんです。

若林　今日お聞きしたかったのは、平川さんはある種の科学の民主化というか、いわゆる科学者があらゆることを特権的に決定していくのではなく、監視という意味も含めて民主化されるようにならなければならないと著書で書かれていますよね。それはそのとおりだと思うんですが、ただ、僕は根本の問題は政治

ではなく経済だという気がしています。つまり民衆の側は「みんなの暮らしがよくなりますよ」とか「それを科学が後押ししますよ」と鼻先にニンジンをぶら下げられたら「はい」って言ってしまうんですよ。民主化はデジタルテクノロジーにおいても非常に大きいテーマですが、メディアの問題もいろいろ絡んで簡単にポピュリズムに転ぶところがあって難しい。市民という名の素人に決定を任せることの重要性は一方で認識しつつも、他方で素人に任せてしまっていいのかというところは悩ましいといつも思っているんです。どうでしょう。

平川　ポピュリズムというか、衆愚の支配というような問題なら、そういう危険性が確かにありますね。例えば、ある技術が、長期的にみると本当は環境や人間の社会にとって、持続可能性や倫理の観点からよくなくても、とりあえず売れてしまうことってありますよね。売れるというのは、安さだとか便利さ、快適さだとか、別の価値観や基準で動いていますから。市場での個人個人の選択であれ、何か熟議とか合意形成を通じた政策的なかかわり方であれ、技術の背後にある、そういう価値観や基準の問題点に自覚的で反省的でないと、衆愚の支配の状態にとらわれてしまいますね。

若林　例えばCO_2のゼロエミッション（排出ゼロ構想）をめぐって自動車メーカーの人たちと話すと「自分たちも積極的にゼロエミッションに取り組んでいます」といった話をされるんだけど、それは自分たちの動機じゃないと僕は思うんですよ。一方で、それがマーケットのニーズかというと、そうでもない気がする。「ガソリン車なんてもうやめだ」と市民が思ってるかというと必ずしもそんなことないわけで、そこには複雑な政治の結果そういう方向が出てきている話なんだと思うんですが、じゃあ実際誰が能動的にそれにコミットしたいと思っているのかは、よくわからないんですよね。

平川　僕の関与する分野だと、ヨーロッパの政策で「責任ある研究・イノベーション」（注3）というものがあります。それは研究成果が将来社会の中で実用化される時に、どういう使われ方をするか、どういう技術として社会や人間にどういう影響を与えるのか、今の段階でわかる限り想像力を働かせて、現在の研究開発や商品化にその効力を反映させようという試みです。

さらに将来を見通す際に、いわゆる専門家とか企業の人たちだけで考えるのではなく、潜在的なユーザーや場合によっては潜在的な被害者になってしまうかもしれない立場の人の見方、考え方も取り入れて考えましょう、技術開発の進め方、イノベーションの起こり方を変えていきましょうという話なんですね。僕としては、それによって技術が人間にとってより適合的なものになっていくんじゃないかという期待と同時に、下手をするとそれは技術を殺すんじゃないかという危惧もある。

若林　それはそうですね。

平川　あらかじめ人間がわかる範囲でいろんなゴールを定めちゃって、そこに向かおうとすることで、かえっていろんなブレイクスルーを阻害したり、不利益を生んだりする可能性もあって、もっとフレキシブルでないとだめじゃないかとも思ったり……。例えば市場に任せることは必ずしも悪いわけじゃなくて、市場のある種の可能性も大事。さきほどの民主化の問題も、市場が不確実であるがゆえに創造できることを政治の世界にも反映させていくべきじゃないかと、直感的には考えています。

若林　なるほど、難しいなあ。社会においては、リスクは回避しようとする動きが当然求められると思いますけれども、企業の側は必ずしもそうは動かない。極端に言うと今、会社というものを存在させている資本主義的原理を追求すれば追求するほど、僕らの生活をだめにしていっているようなところがあって、その論理からどうやって離れるかといった時に、その根拠になるものが実はまだあまりない。アメリカだとBコーポレーション（注4）といわれる、株主の利益よりも社会の利益を優先させても訴訟を起こされないようにする会社が確かに増えてきていますね。大手でも、ユニリーバのような大手企業がBコープ登録を目指しているという噂もあります。アメリカの場合はキリスト教など宗教的基盤の上で成り立っていますから、日本でBコープをやろうとしてもそれを支えるモチベーション的な根拠はないんじゃないかと思ったりします。

平川　文化的な下支えがないんですね。

「真」と「善」を混同させた科学の危険性

若林　僕は最近、イマニュエル・ウォーラーステイン（注5）の本を読んでいるんですけれども、彼は近代科学は資本主義の産物であると言い切っていて驚いたと同時に、本当にそうだと思い当たるところもあったんですが、それはどう理解したらいいですか。

平川　歴史的な事情でいうと、いわゆる科学――僕らが普通に中学校や高校で習う理科の内容――は西洋科学で、一六～一七世紀以降にヨーロッパで発達したものですね。その時期はちょうど資本主義が勃興してきた時期で、その後、資本主義が発展、拡大していく一七～一九世紀にその科学が社会の役に立っていたかというと、全然役立っていないんです。元来、技術は技術者、職人のものとして商業と結びつき、軍事とも結びついて発展してきたんだけれども、科学というものは技術とは違う伝統をもっていて、担い手

若林恵 氏

も聖職者や修道士を中心とした大学所属の知識人でしたからね。

若林　神学の流れですね。

平川　それがようやく役立つようになったのは一九世紀です。それまでの科学は何をしていたかというと、実験の精度が上がったとか、いろんな機械が使えるようになったとか、もっぱら技術の発展に助けられて精密になっていった。物理学の熱力学のように蒸気機関の発展から生まれた学問もあります。そして、そういう技術の発展は経済の発展なんですね。そういう意味で、近代科学というものは資本主義のもとで成立し、やっと実際に役に立つようになるのが一九世紀後半ぐらいから。日本でいうと、明治維新で開国した頃で、ちょうどおいしくなってきた科学を食べ始めたんですね。

若林　ウォーラーステインも哲学に神学が取って代わられ、さらにその座を今度は科学が奪い取っていくという歴史的な経緯を説明していましたが、ただ、そこに一つ重大な成り行きがあって、神学も哲学も二つのことを扱っていたというんです。それはつまり真であることは何かという話と、善であることは何かという話。それに対して科学は、真であることは重視したけれど、善については真であることが善でもあるというような話に、どさくさに紛れてすり替えてしまった。

　つまり善というのは価値の話じゃないですか。僕らが人間として何を価値とみなすかといえば、キリスト教的な隣人愛や優しさだったりする。ところが近代科学が世界を制していく中で、善というものを考える基軸、単純にいうと数字にならない価値を根拠づけるものがなくなっていったというところが、なかなか辛い話ですよね。

平川　真と善が分離したり混同されたりしていることは、素朴なところでは、例えば誰かがノーベル賞を取った時などに感じますね。テレビなどでいきなり偉い文化人のように祭りあげられて、何でもコメントを発すると「科学者はやっぱりいいこと言うね。真を追求する人は善もわかるんだ」みたいな誤解が生まれ、社会の中で再生産されていく。だけど本質でいうと、科学の中では善の話はしていないのです。

しかもタチが悪いのは、おっしゃったように何が善であるかということを根拠づけるものってないんですね。近代においては真を追求する自然科学と宗教や哲学が分かれ、社会がどんどん世俗化されて宗教は価値の絶対的な基盤にならなくなってしまった。すると、かつては神様の教えとして済まされていた倫理とか道徳とか、ことの良し悪しの土台はもう成り立たない。じゃ何が土台になるかというと、最大多数の最大幸福という功利主義か、あるいは普遍的な道徳律を立てたカントの義務論などか。倫理学を勉強しても善を語ることは難しくて、かえってよくわからなくなる。そうやって今は自分たちで自前の土台をつくらないといけない時代、かつてのような超

平川秀幸 氏

越的な土台を失っている社会なんですよね。

ドイツにユルゲン・ハーバーマス（注6）という社会学者がいますが、彼は、神様のいない近代の社会の中で倫理の基礎をつくるための一つとして、「コミュニケーションの合理性」というものを考えるんです。人と人がかかわる中で、最低限お互い守らなきゃいけない対話のルールを土台にして、あとは具体的に何が良くて何が悪いかを強制のない対話によって決めていきましょうと、ある種の理想的な状況を描くんですね。

その彼が近年、「ポスト世俗化論」ということを言い出しています。つまり宗教を含めて古くからの文化的な土台を全くなくして世俗化したら、善について近代の我々がもっている価値観とかコミュニケーション倫理だけでは自立できないのではないか。宗教の側が近代の市民社会の信教の自由などリベラルな原則を受け容れると同時に、市民社会も宗教から学ばなければならないのではないかと言っているんですね。

若林　なるほど。

平川　そういう意味では、道徳的な価値・土台そのものも科学と同様に考え直さないといけないし、恐らく同じ話が日本にも当てはまるでしょう。日本はよく宗教がない社会だといわれるけれど、そんなことはなくて、我々も日本の文化の伝統の中で生きているわけですから、何が良くて何が悪いかということをちゃんともう一回見直したり掘り起こすことをしないと科学技術の将来も描けないのかなと思います。

若林　本当にそうだと思いますね。そういう意味で我々はちょっと大変な、難しい時代にいるなあという気がします。

未来をつくる覚悟をもてるか

若林　『ＷＩＲＥＤ』は未来のことをテーマに扱うものですから、よく企業の人からコンサルティングのような形でビジネスの未来について聞かれるわけですよ。「百貨店の未来ってどうなりますか」とか「自動車の未来ってどうなりますか」と。そんなこと僕がわかるわけないし、何かその問い自体が間違ってるような気がします。「三〇年後はおそらくこうなるから、そこから逆算して今やんなきゃいけないこと考えましょう」みたいな話は、すごくナンセンスだと思う。

そんな状況を見ていると、わりと多くの人が未来というものは向こうから勝手にやってきてくれるもんだと思っているところがあって、その実、歴史は勝手にはやってこなくて、誰かが歩いていったからそこへたどりつくという話でしかない。未来というコンセプト自体が、もしかすると極めて二〇世紀的なものだったかもしれないという気がするんですよね。

平川　『ＷＩＲＥＤ』のウェブサイトに若林さんが最近書かれていた記事で特におもしろかったのは、ある国立の科学系研究所の意見交換会で「これからの科学者はマーケットのニーズを見なきゃいけない」という意見を聞いて「ああ、終わってるな」と思ったとか。

若林　あれは超おもしろかったのでご紹介しますと、「東芝がつくったＤＶＤは、映画を見たいというみんなのニーズから生まれた、本当にいい日本のイノベーションだと思う」というような発言を聞いて僕は「はあっ？」と思ったんですね。ちょうど東芝の人がいたので「いや、みんなのニーズから生まれたわけないですよねえ、本当はどうだったんですか」って聞いたら、「いやいや、ＤＶＤっていうのは、実はハリウッドからVHSに代わる記録媒体をつくれというお達しが来ましてね」という話だったわけです（笑）。そういう意味でいうとハリウッドはやっぱりすごいんですよ。何がすごいかって、要するに自分たちがもっている財産を一〇年後、二〇年後まで長らえさせるためにテクノロジーに投資したということなんです。それによってハリウッドは新しいマーケットが開拓できて東芝も潤ったわけだから、結果的にウィンウィンでいいんですが、ハリウッドはかなり強引に未来をつくっていったんですね。そのやり方がいいかどうかはわからないけど、そこには自分たちが未来をつくっていくという覚悟があるわけですよ。

平川　未来のための揺籃期というか、インキュベーター（注7）みたいな感じですね。

若林　そう。オバマ大統領も技術の最初期はとにかく幾千もの花を咲かせなきゃいけないと言っていました。それによってどれかの種がかなり遠くまで飛ぶかもしれないけど、それは数打たなきゃわからないという話ですよね。それは技術を芽吹かせるためには、政府は規制などしちゃいけないというアメリカ政府の立ち位置を語ったわけですけど、日本の企業の場合は「勝ち馬ってどれですか」と聞きに来ているだけで、結局どの馬にはるかの基準を決める覚悟がないということなんですよ。

　この話は一見、技術をプッシュすることが大事という話に聞こえるんですが、実は技術の種はいっぱいあって、その中でどれが芽を出して伸びていくかは、どれを育てようと思うか、投資家や社会の側の価値や未来へのイメージで決まったりするんですね。

平川　確かにそういうことですね。

若林　だから、それは完全に意思の発動によるものなんです。どういう世の中をいい世の中だと思うかということへのある種の賭けだし、もちろんそこには儲かるだろうという期待もある。そういう意味では、どういう未来に対して僕らは山をはるのかということの意思表明になっていかざるをえない。それを日本の企業はやりたくないんですよね。

クリエイティブな人と仕事が生まれる場

司会　今、若林さんから「意思の発動」という言葉が出ましたが、それは別に企業だけの話ではなく、大学もまさにそうです。我々のCOデザインセンターでも新しい教育をするにあたって、世の中のニーズはどこにあるかとか近視眼的に見るばかりでなく、こういう大学、こういう社会にしたいんだという意思と、そのためにはこういう人が必要なんだという意思をもてていないところがお話とリンクしていると思いましたが、どうですか。

平川　そうですね。すごくベタな話をしちゃうと、特に近年の国立大学法人は「こうやって大学改革します」と計画を立て、申請して認められて文部科学省からお金が下りてくる仕組みになっています。改革とは本来はまさにイノベーションですから、どの種が芽を出すかわからないけれども、現在の制度の中ではやはり工程表を書くんです。本来は冒険が必要ですが、かっちりと枠組みがあって冒険するのが難しくなっている。結局さきほどの話にもつながるんですが、どこかにあるニーズを掘り当てることを目指してやっていけばうまくいくだろうというものになっていて、そのためにPDCAサイクルをまわすという話になっちゃっているんですよね。

だけど、本当はもっといろんな実験をしないとそれがいいかどうかわからないはずだし、その実験も単なる技術的なものではなく、それこそどういう社会にしたいか、どういう教育にしたいか、どういう大学にしたいか、さらにこの日本社会で大学はどういう役割を将来果たしたらいいのかというようなビジョンをどんどん提案して、それを実験していく。ニーズというものも、予め「そこ」にあるものを掘り当てるというものではなく、提案と実験、社会とのやり取りを通じてつくり出していく。それができるようになっていないとイマジネーションが萎縮してしまいます。

若林　多分見えている客だけを相手にすることになっちゃうわけですよね。

話題は違うんですが、実は僕、Ｋ－ＰＯＰがすごく好きなんです。少女時代がめちゃくちゃ好きで、彼女たちが所属しているレコード会社の社長さんに取材したことがあります。その社長さんは完全にビジネス畑の人ですが、立派だと思ったのは「マーケティングはどの程度大事か」という質問に対して、それはクリエイターの仕事だといったことです。つまり新曲が出ると、それに対して必ず数字が出てきます。その数字はもちろんある種の戦略を立てるのには使うけれども、次のシングルやアルバムを制作するという、クリエイティブの領域では全く使わないというんです。

音楽業界のマーケティング、つまり次にどんな曲を出せば客が反応するか、客を驚かせるような音楽を生みだすためにどういうサウンドに落としこむかは、純粋にクリエイティブの領域であると彼は言っていて、僕もそのとおりだと思うんですよ。

スティーブ・ジョブズも言っている話ですけど、お客さんが気づいてないニーズに向けてものを投げることが大事で、それこそがクリエイティブなんですね。ですからマーケティングは数字を見て言う話ではなくて、みんなが潜在的にもっていながら言語化されていなかったり、形式化されてないものに形や言葉

を与える仕事だと思う。すると実はメーカーでも営業でも、職種には関係なくクリエイティビティは必要で、そのクリエイティビティに自信がない人間が数字をことさら言うわけで、数字しか見られなくなると結局安全パイの方向にしかいかないんですよね。

平川　そういうクリエイティブなことができる人をいかにしたら育てられるか。それが日本の大学の一つの大きなテーマです。でもいつも思うのは、それって大学だけでできる話じゃないでしょう、と。日本だと一八～一九歳で大学に入って大学院にいったり、あるいは就職したりするパターンが多いけれど、その間だけで人材の種が育つわけじゃないですよね。社会の中で、いろんな経験を通じて成長するのですから。そのうえで、社会と大学の間をもっと行き来できる状態にしておいて、必要があったらいつでも来られる、逆に、大学の側も必要があれば外に出て行けるような形でないと、クリエイティブな人材は増えていかないのかなと思ったりします。

『ＷＩＲＥＤ』ではいろんなクリエイティブな人たち

と出会うことが多いと思いますけれども、そのあたりどうお考えですか。

若林　クリエイティブな人がいかにしてクリエイティブになったのかは、実は謎じゃないですか。言われた本人も何でかなって思う話だろうし、とりたててひらめきをもっていたという話でもない気もします。

平川　ただ、何か共通するものがあるでしょう。

若林　やっぱり真面目に働いている人かどうかにかかっているんじゃないですか。自分がいる業界がどういうメカニズムで動いているかとか、その中で自分がやっていることは何かをよく理解できる人は、人がやっていることもよく見えるんですよ。要は自分の仕事を、どこまで根源的なところまで下りていって考えられるかがポイントのような気がしますね。

実は世の中、本当に真面目に仕事している人って意外と少ないなあと感じるんですよ。僕が出版社に入ったのは九〇年代で出版界もまだ元気があったから、日々の仕事をこなしてれば、ちゃんと成り立っていたんですね。ところが銀行が出版社から手を引いて雑誌がつぶれたりするのを見ていると、その構造がわかってくるわけじゃないですか。

そういう中で、僕らは何を価値として読者に提供しているのかを僕はずっと考えていたし、会社を出てフリーになった時には特に、何をもって自分は金をもらっているのかということが死活問題になってくる。「これだけやってこの額はないだろう」という話や、逆にそれに見合う仕事を自分はできているかという話を常にしなきゃいけないわけです。すると、ちゃんと仕事している人たちがどこでどういうふうに悩んでいるかが、業界は違ってもわりと自分のこととしてわかるようになる。

平川　うちのセンターが教育テーマに掲げる「高度汎用力」も、実はその基礎に自分の仕事や研究を掘り下げていくといろんなことにつながっていることが見えてきて、他分野のことも見えるようになるという狙いがあるのですが、それに通じるものがありますね。

漠たるものを言葉で発信していくために

平川　一方で、仕事に真摯に向き合うことと、単に埋もれてしまうことは違いますよね。埋もれちゃうと、他分野や他業種のことはもちろん、自分が置かれている仕事の文脈や広い状況が見えなくなる。

若林　いかに引いたところから見るかということも大事なんじゃないでしょうか。僕らがありがたいのは『ＷＩＲＥＤ』はもともと海外の雑誌なので、常に英語版を見ているわけですね。すると「日本の雑誌はえらく不自由だな」とか「海外だとこんなおもしろいことやっているのに、なんで日本にないわけ？」とか比較対象があることはとても重要なんですよ。僕らが当たり前だと思ってきたことも、実は非常に正当化された制約の中でのことに過ぎなかったことがよく見えたりもする。

平川　日本はあるルールの中でパフォーマンスを上げることはあるけど、ルールを変えるというパフォーマンスは滅多にないですよね。

若林　そうなんですよ。僕らの仕事でいうと「今の読者は長いテキストは読まないから短く書け」と若い頃からさんざん言われてきました。ところが海外の雑誌にはめちゃくちゃ長い記事があるし、読むとおもしろい。テキストが長いという批判は原理的にはなくて、長くて読み切れなかった場合はつまんなかったと批判される。だから、長いテキストは読まれないとかだめだという話は、実は何の根拠もない。実際、世の中には長いテキストを読める人はちゃんといるわけで、そういう人たちと手を結びたいじゃないですか。読んでほしいと思う読者といかに信頼関係を結べるかがポイントで、そういう読者を育てるのも僕らの仕事だろうという気もします。

平川　新聞で僕が論壇時評委員をしていた時も「中学生にわかるレベルで書いてくれ」と言われましたね。

若林　マスメディアはつい日本人全部を相手にしている気分になってしまうけれど、新聞だってたかだか数百万部の発行部数で日本の人口の数パーセントに過ぎないし、まして僕らの雑誌はプリント版だと五万部ほど、ウェブサイトだって月二〇〇万人がユーザーです。それでも自分たちの好きな読者と向き合ってビジネスがちゃんと回っていければ、それでハッピーじゃないですか。「難しくて読めない」とか「何を言っているのかわからない」という人には「ほかに読み物はいっぱいあるから、そちらをどうぞ」と言えばいい話です。

司会　議論もせずに大きいものはいいものだ、広げることはいいことだと主張されがちだけれど、広げてできなくなることだっていっぱいありますからね。

若林　そうなんです。そうなってくるとレベルが落ちて、本当に読んでもらいたい人たちが離れていく。結局、何のためにやっているのかという話になるじゃないですか。

平川　最初の市場と民主化の話にも関連して、大事なのはリスクも含めてちゃんとした言説が社会の中に流通することで、我々の人文学や社会科学研究の役割は、そのままメディアの役割でもあるように思いますね。

若林　本当にそうだと思います。

平川　私たちはプライベートな生活も含めて、どこかで新しい気づきとか問題にぶつかった時に、その問題を別の角度から見る――それをリフレーミング、問いの再設定というんですが、そういうことを促してくれる力のある言葉、言説が社会の中である程度流通しなくちゃいけない。それは基本的には今おっしゃったように、万人に向けてではなく響く誰かに向けて発信し、響いた誰かが動いて周りをまた響かせていくもの。そういう市民への信頼みたいなものをもたないと、メディアにしても学問にしても機能しないんじゃないかな。

若林　みんなが漠然と感じている形のないものを言葉にしていくのは非常に才能を要する仕事です。僕は残念ながら、まだそういうキラーワードをさぐり当てることはできていませんけど、やるといいですよね。人文とか社会科学の中でもキーワードはありますから。それこそイヴァン・イリイチ（注8）はコモンズ（注9）という言葉を使ったり……。

平川　コンヴィヴィアリティ（注10）とか。今の大学教育を省みると、言葉に対する信頼や言葉の力、価値を全然考えてないところがあって、日常生活の中で使われる生きた言葉になっていかないと、それは学問、特に文系の学問の死につながってしまう。

若林　僕らは言葉を扱う仕事ですから、若いスタッフも原稿を書くんですが、やはりまだ文章がうまくない。で、彼らの原稿を見ていて気づくのは、文章をうまく書けないっていうのは、結局、文章を読めてないってことなんです。つまり、読解力、読む能力の問題なんです。言葉ってみなさん日常的に使っているから、自分はうまく使えていると思っているけれども、実は全く使えていない。本や文章を読むには実は、結構訓練が必要なんですよ。読むっていうのは、どちらかというと受動的な行為だと思われているけれど、非常に能動的な行為です。だから読む能力をもっとちゃんと教育したほうがいいし、そのプログラムがまだないとしたら開発すべきでしょうね。読めない人は、何も語れないんですよ。

司会　介入する余地がないほどお話が盛り上がって、有意義な示唆もいろいろいただいたと思います。ありがとうございました。

注

注1：ヒッピー【Hippie】
一九六〇年代後半にアメリカで生まれた、伝統・制度などの既成の価値観に縛られた人間生活を否定することを信条とし、また、文明以前の生活への回帰を提唱する若者たちの総称。

注2：ガストン・バシュラール【Gaston Bachelard】（一八八四－一九六二）
科学的知識の獲得の方法について考察したフランスの哲学者、科学哲学者。また、詩的想像力の研究にも多くの業績を残した。

注3：責任ある研究・イノベーション【Responsible Research & Innovation = RRI】
科学技術の責任ある管理運営を通じて未来を大事にしようとする二〇〇〇年代前半から欧米で使われ始めた政策のコンセプト。

注4：Bコーポレーション【Benefit Corporation】
アメリカに本拠を置く非営利団体「B Lab」が運営している民間の認証制度で、環境や社会に配慮した事業活動を行うなど、B Lab の基準を満たした企業に対して与えられる。

注5：イマニュエル・ウォーラーステイン【Immanuel Wallerstein】（一九三〇－）
アメリカの社会学者。ヨーロッパの大航海時代がもたらした世界的交易を起点に、巨視的な観点から政治経済学と社会学、歴史学を包括した「世界システム論」を提唱、確立した。

注6：ユルゲン・ハーバーマス【Jürgen Habermas】（一九二九－）
ドイツの哲学者、社会哲学者、政治哲学者。公共性論やコミュニケーション論の第一人者。

注7：インキュベーター【incubator】
新生児を育てる保育器の意から転じて、独自の創造性に富んだ技術をもつベンチャー企業への経営アドバイス、資金調達へのアクセス提供等、

企業運営に必要なビジネス・技術サービスの橋渡しを行う団体、組織を指す。

注8：イヴァン・イリイチ【Ivan Illich】（一九二六－二〇〇二）

現代産業社会批判で知られるオーストリアの哲学者、社会思想家、文明批評家。

注9：コモンズ【commons】

共有地・公有地。転じて、コミュニティ環境やネットワークを共同利用する場所のことも意味する。

注10：コンヴィヴィアリティ【conviviality】

宴会気分、共食、共愉とも訳される。効率優先の産業主義を批判する用語。

間奏

イノベーションを
デザインする人材、
ネットワークとは？

イノベーションをデザインする人材、ネットワークとは？

パネリスト
稲村和美（兵庫県尼崎市長）
東浦亮典（東京急行電鉄株式会社都市創造本部戦略事業部 副事業部長）
人見光夫（マツダ株式会社 常務執行役員）
平田オリザ（劇作家・演出家）
小林傳司（大阪大学 理事・副学長）

司　会
八木絵香（大阪大学COデザインセンター 准教授）

今日の社会は、科学技術をはじめ諸分野・領域の発展とともに、極めて解決が困難な多くの問題に直面するようになりました。環境問題や経済格差の拡大といった地球規模の問題から少子高齢化やエネルギー問題など日本特有の課題まで、複雑多様な問題の解決に求められているのは、新たな価値を生みだす社会システムの変革＝イノベーションであり、その鍵を握るのは、やはりその担い手たる「人」でしょう。イノベーションを起こす人材をいかに育てるか——異なる分野の第一線でその「現場」に携わってきた方々との対話を通して、大学における教育のあり方を考えます。

まちづくりおけるイノベーション人材とは

司会　「イノベーション」というものを考えるとき、その鍵は結局「人」に戻っていく部分があろうかと思います。ここでは、どのような人材がイノベーションを起こせるのかということも含めて「人」に焦点を当ててお話していきたいと思います。その中で大阪大学としてどうすればそのような「人」を育てられるのか、最後は大学の教育のあり方につなげていければと思っています。

本日の五名のパネリストは、それぞれバックグラウンドも活動も違いますが、共通して言えるのは、世の中で「イノベーション」を起こしてきている人、もしくは起こす環境を整えている人です。まずは稲村様から順に、日頃どのような現場でどういう活動をされているのかをご紹介いただきたいと思います。

稲村　私は尼崎市長になって七年目に入ったところですが、実はこのような仕事にいたった大きな原体験は阪神淡路大震災にあります。私自身は被災していませんが、当時神戸大学に在学しておりましたので、休校になった際に避難所の運営を一カ月半ほど泊まり込みでお手伝いしました。その中で自分が今やっていることは、誰かを助けるというより、私たち自身の問題を解決する活動だという大きな気づきがありまして、それがある種の発想の転換となって、その後、政治の世界に入る原点になりました。

大学というところは、入学試験からして与えられた問題に対する「正解」を見つけ出すことを訓練しているようなイメージがありますね。一方で被災地では「何が問題なのか」ということ自体がわからないというのがまずは発見で、それをうまく探り当てられれば解決策もおのずと見えてくるという体験を初めてしました。さらにいろんな立場や世代の方々と出会い、ときには傷ついたり傷つけてしまったりしながら

写真１:「みんなのサマーセミナー」は２日間だけ尼崎市内の学校を借りきって、まちの人が先生になり、生徒にもなる、学校ごっこを楽しむイベント。2016年は、８月６、７日の両日で、230人を超える先生が325の授業を開講。「激録！市長24時」と題して、市長も先生に。

さまざまなことをさせてもらったのも、非常にダイナミックな学びの機会だったと思います。

司会　市長としては、どういうことに取り組んでおられますか。

稲村　今はそうした学生時代の経験から「学び」を重視したまちづくりに挑戦しています。具体的には昨年、市制一〇〇周年を機に「尼崎市自治のまちづくり条例」(注1)を制定しました。現在の取り組みの一部を紹介しますと「みんなのサマーセミナー」を夏休みに実施しています(写真1)。これはまちのいろんな人が授業を持ち寄って二日間学校ごっこを展開する、いわば学びのフリーマーケットのようなものです。通常の講座としても「みんなの尼崎大学」というプロジェクトを立ち上げ「みんなが先生、みんなが生徒、どこでも教室」をモットーに、誰でも学びやすい、学び続けられる仕組みをまちの中につくっていきたいと思っています。

もう一つ、市役所とＮＰＯが組んで学生さんが企業と一緒に最低三カ月のプロジェクトをやり切る「長期実践型インターンシップ」というものにも挑戦しています。これも学生さん同士、受け入れてくださる企業さん同士もつながりながら、お互いが気づきや学びを得て、さらに就職にもつながればと思ってやっています。

司会　事前に一つだけ、「みなさんにとってイノベーション人材ってどういう人ですか」という質問をしておりましたので、その回答も合わせてお願いいたします。

稲村　私が考えるイノベーション人材としては三つあります。一つ目は「そもそもなんのために」とか「問題のツボはどこにあるのか」といった、本質を探っていこうとする人。二つ目は視点移動ができる人。三つ目は私自身がこういう社会的な世界にいることもあって義憤がある人、というのをあげさせていただきます。

司会　東京からも東急電鉄の東浦さんにお越しいただきました。

東浦　東急といっても関西では「何の会社やねん」と思われるかもしれません。阪急電鉄さんみたいな会社と思っていただければいいのですが、東急電鉄のおもしろいところは、社名に「電鉄」を冠しながら鉄道で稼いでいる比率が約三割で、関東・関西を問わず大手私鉄の中で一番低い。ほかに都市開発とか生活サービス、小売りなどで広く商売をさせていただいております。

私が東急に入社したのは昭和六〇年。実は鉄道の仕事をやりたいと思って入ったわけではなくて、いろいろな事業をやっている何か不思議な会社だなあと感じたものですから、採用のときに「鉄道と開発以外の新規事業なら何でもやらせてください」と言った覚えがあります。でも結局はずっと都市開発しかやらせてもらっていません（笑）。

最近の仕事としては「次世代郊外まちづくり」に取り組んでいます。今や人口減少や高齢化の問題は地方だけでなく首都圏でも郊外部は非常に厳しくなっており、これを一民間企業だけで解決するのは無理だということで、産官学民連携で新しい郊外のありようを見据えながらつくっていこうという方向で仕掛けたりしています。また、大企業だけでもイノベーションは起こせないということで「東急アクセラレートプログラム」(注2)というベンチャー支援プログラムを立ち上げたりもしています。

司会　イノベーション人材については、どうお考えですか。

東浦　私は経済産業省のフロンティア人材研究会(注3)の委員だったのですが、そこでの議論も踏まえ、イノベーション人材にはいろんなタイプがあって、あまり一つには括れないというのが実感です。いい加減な言い方ですが、それぞれ勝手に育つものだと私は思っています。ところがうまくいかないのは、日本にはそれを許さないような風潮が社会にも企業組織にもあってつぶされてしまうのです。そういった中で私はイノベーション人材をどう育てるかということよりも、その周りにいる人たちの頭のモードをどう変えさせるかのほうが大事じゃないか。すなわち邪魔をせず、弱点を補ってやり、気づきとチャンスを与えるということが上司や経営者の役割だと思っています。

創造分野におけるイノベーション人材とは

司会　人見さんは長年、マツダで自動車の技術開発に携わってこられました。

人見　自動車にあまり興味のない人はわからないかもしれませんが、私がやっているのはスカイアクティ

写真2：マツダが開発した次世代ガソリンエンジンSKYACTIV-G（左）と次世代クリーンディーゼルエンジンSKYACTIV-D

ブ（SKYACTIV）エンジン（注4）（写真2）の開発です。入社以来、商品開発そのものは一切やらず、商品に入れるための新しい技術の開発ばかりやってきました。その中で了解したことは、ベーシックで目立たない技術はすぐ取り入れられるけれど、大きな技術はその時代に必然性がないとまず取り入れられないということです。そのため、三〇年間ずっとむなしい思いをしてきました。

　実はマツダはお金のない状態が非常に長く続いてきました。一方で国内ではもうハイブリッド以外は車ではないような言われ方をするほどハイブリッド車が増えていて、マツダは環境対応技術を何ももっていないという評価も受けていました。そんな状態ではありましたが、二〇一二年にはヨーロッパでものすごく厳しい燃費規制がくることがわかっていましたから、うちはもうこのエンジンに賭けるしかない、ということで三〇年間試行錯誤しながら先行的に仕込んできた内燃（エンジン）技術を集大成のような形で打ち出すことができ、そのおかげで今の自分があると思っています。同時に、このハイブリッドの時代に内燃機関を見直していただく機会を得て、エンジンの効率はまだ大幅に改善する余地があるということを世間に問うこともできたと思っています。今は電気自動車や水素自動車も開発されていますが、電気自動車が本当に環境にいいとは私は心底思っていませんので。

司会　人見さんが考えるイノベーション人材は、どういう要件を備えているのでしょうか。

人見　何に対してもこうしたい、こうあるべきだという理想像が描ける人、大きな課題設定ができる人ですね。大きな課題設定というのは、いろんなものを俯瞰してすべてに通じる課題を見つけることで、ボウリングの一番ピンにあたる役割だと私は言い続けています。そして大きな勢力や規制など猛烈な外圧がかかったり、組織が停滞してもう無理だと思うようなことがあったり、困難が重なれば重なるほど「絶対何とかしてやるぞ」と思える人がイノベーションを起こせるのかなと思っております。

平田　私の本職は劇作家・演出家です。これまで海外での仕事が多くて、一番直近の仕事もハンブルクの州立歌劇場の委嘱でつくったオペラ（「海、静かな海」）です。これは福島を舞台に、最後は防護服を着てお墓まいりに行くシーンで終わる作品ですね。

司会　平田さんは今、東京芸術大学に勤務されていますが、大阪大学のコミュニケーションデザイン・センター（注5）にも八年間在籍されていました。

平田　大阪大学ではロボットを使った作品を石黒浩さん（注6）というちょっと危ない教員と一緒につくって世界中を回りました。このアンドロイド演劇は鷲田清一元阪大総長（注7）のご紹介で石黒さんと始めたものですが、会った瞬間から意気投合して一気に研究に入りました。もちろん今までロボットをプロの演出家が演出するなんてことは誰も考えなかったわけですが、最初にちょっとプログラムを書き換えてもらって演出してみせたら、ロボットの動きが格段にリアルになったんですね。

当時の石黒さんの若手研究者への口癖は「お前たちが二年かかったことを平田先生は二〇分でやった。もうお前たちは研究しなくていいから解析だけしろ」というもので、実際に石黒研究室では私が演出をするとなぜ動きがリアルになるかを解析しパラメータ化して特許も申請しましたし、それで修論・博論を書いた学生が何人もいます。よく学問の世界では文系・理系に区別されますけど、アートというのは文系でも理系でもないんです。「アーティストは先に答えを知っている」と石黒さんがおっしゃったように私たちは先に答えを知っているので目標に向かって積み上げもしないし逆算もしない。ただし、その答えは常に正しいわけではないので、そこは問題ですね。

一方、小・中学校の国語の教科書をつくる仕事もしてきましたので、今も年間三〇〜四〇校ぐらいの小・中学校で実際に授業をしています。それ以外に、地方自治体の教育とか文化を通じたまちづくり、広い意味での文化政策のお手伝いもしています。

司会　そうした中でどういう人がイノベーション人材だと思われますか。

平田　私が考えるのは発明ではなく発見のできる人。アートというと発明、つまり新しいものをつくりだすと思われていますが、そうではない。「あっ、こんな見方があったのか」とか「人間にはこういう側面があったのか」といった、今まで誰も気づかなかった世界の見方を提示するのがアーティストの仕事で、それをどう生かしていくかが研究者の役割。そこにアーティストが大学にいる大きな意味があると考えています。

司会　大阪大学からも小林傳司副学長が加わっておりますので、一言お願いします。

小林　昨年発足した大阪大学のCOデザインセンターは、平田オリザさんもおられたコミュニケーションデザイン・センターと「公共圏における科学技術・教育研究拠点」（ＳＴｉＰＳ）(注8)、そして「超域イノベーション博士課程プログラム」(注9)、この三つがルーツとなっていますが、そのいずれにも絡んでいるのが私です。そういう意味で私がここに座らされているのだと思っております。

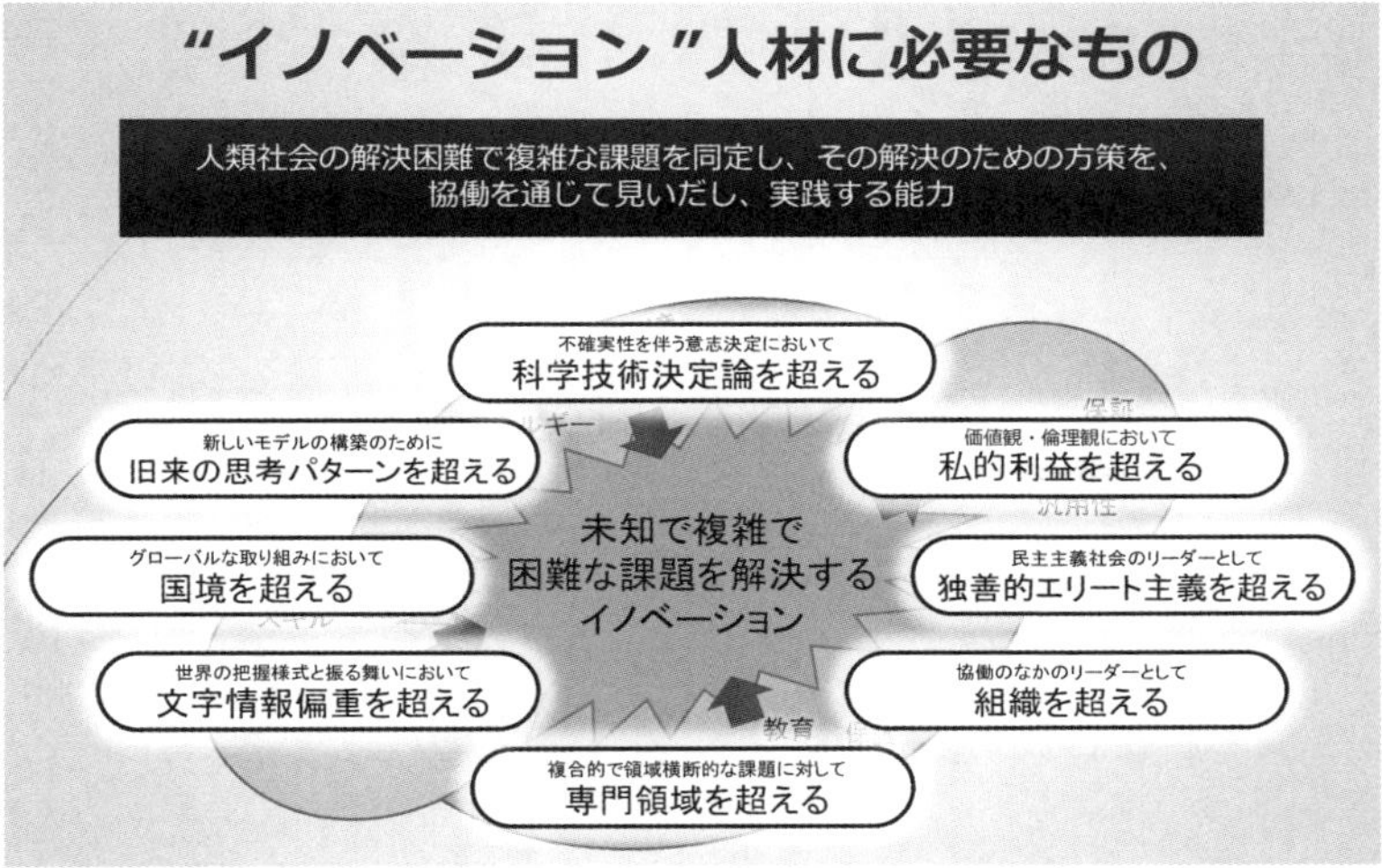

図1：“イノベーション”人材に必要なもの

私もイノベーション人材に必要なものを一応書いてはみました（図1）。「人類社会の解決困難で複雑な課題を同定し……」と大本営発表のようなおもしろみのない文章で気恥ずかしいのですが、少しこだわりを入れたのは「同定する」というところで、その感覚がないと話にならんだろうと思っています。

大阪大学に勤めていて常に感じるのは、日本全体の構造として「この道一筋何十年」というところを過剰に評価する部分があるのではないかと。そういう教育も大事ですが、同時にのりしろ、つまり越境して他者とつながる能力のようなものをもった人間をつくれないかということです。もう一つ、自分の専門分野のことを専門外の人にもわかる普通の言葉で話す訓練があまりにも少なくて、専門家と社会の意思疎通が困難になっているという問題を感じているということを、まずは問題提起にしたいと思います。

言葉を与えること、孤独に耐えること

司会　イノベーション人材について、本質を見極められる人、大きな課題を設定できる人、見方を刷新できる人など、いろいろポイントを挙げていただきましたが、事例を交えてもう少し具体的に伺っていきたいと思います。

稲村　卑近な例ですが、私は行政の仕事に入る前、証券会社でいわゆる営業を何年間かやっていまして、営業では自己紹介のチラシにティッシュをつけて配ったりしたこともありました。その本来の目的はもちろん顧客を新規に開拓することです。ところが行政の組織を見渡すと、この例えでいうところの「ティッシュをなんぼ配ったから、私はこれだけ仕事した」という感覚の人が非常に多くて、どうかと思ったんですね。本来手段であるはずのことが簡単に目的化してしまうことがあまりにも多すぎて、これはちょっと難儀やなと思っているんです。それが現実でもあるんですが。

東浦　私は先ほどイノベーション人材は勝手に育つと言いましたが、すべての人にそういうチャンスや可能性があると思っています。裸の王様の寓話が象徴的で、子どものときはみんなピュアで「これおかしいよ」とか「このほうがいいんじゃない」と本質を知っているんです。ところが教育を受け、企業なり組織に入って「これに従え」とか「余計なことするな」といった同調圧力が繰り返しかかる中で、イノベーティブな人が一人減り二人減りしていく。そういう中でやはり自分がこれだと思ったことをどれだけ突っぱって言い続けられるか、やり続けられるか、という折れない力が大事だと思っています。

司会　本質を見極められることと、それを実際口に出せることの間にはまた差があって、後者はさらに難

しいんじゃないかと思います。そういうときに演劇人という肩書きは意外と便利だとよく聞きますが、いかがですか。

平田　文学の世界には「一五歳の心をもって四〇歳の語彙があれば、人は誰でも詩人になれる」という言葉があります。でも人は四〇になるまでに一五の心を失ってしまう。あるいは一五の子どもには、心を表現する手段がない。

僕が阪大のコミュニケーションデザイン・センターで取り組んだことには二つあって、一つは言葉を与えるということです。例えば理系のピュアな学生たち――理系がピュアかどうかはわかりませんが（笑）、一応そうだと仮定して彼らにきちんとした表現の手段を与えたい。さらに日本の受験体制などの中で失われてしまった本来の知的好奇心、十五の心をもう一度大学教育の中で取り戻させたい。

稲村和美 氏

もう一つは、名づけること。例えば津軽半島に蟹田という町があるんですが、地元では「風のまち蟹田」と名づけ、イベントにも「風のまち川柳コンクール」などとつけて「風のまち」で売り出しているんです。青森県では蟹田に限らず津軽海峡に面した町はどこでも強い風が吹いていて、風力発電の風車がガンガン回っています。では何で蟹田が「風のまち」かというと、太宰治が「津軽」という小説の中で「蟹田は風のまちである」と一行かっこよく書い

東浦亮典 氏

ているからです。ここに芸術や文学の役割がある。
　北海道の富良野だってもともと土地の人があの風景を美しいと思っていたわけではなく、倉本聡というシナリオ作家によって富良野の風景の美しさが発見されたんですね。一九七〇年代まで純農村だった土地が、たった二〇年で北海道一の観光地になった。それが本質を発見するということであり、それを言葉や色、形、音にするのがアーティストの役割だと考えています。

人見　我々の仕事で言うと、品質問題だとかコスト削減、残業問題といった問題に加えて自動運転だ、電気自動車だ、燃料電池だ、と山のように課題があります。規制もどんどん厳しくなる。そうすると、同じ人員の中でやることがものすごく増えていく。でも、見方を変えて「メカニズムをしっかりわかってやれば、課題の形が変わろうと絶対同じことをやるだけなんだ」と思うと、仕事は減る。従業員も健康にもなる。いっぱい試作しなくていいから予算も少なくてすむ。すべてに通じる共通課題にしていくことが、稲村さんや平田さんがおっしゃった本質を見極めるとか見方を刷新することに通じるかなと思います。

東浦　人見さんもおっしゃったように、企業はもちろん社会全般において仕事は増える一方で、働き方改革が言われていますね。私の場合、先輩から引き継いだ仕事や周りがずっとやってきた仕事を一度やめてみるんです。手を抜くのではなく放置してみる。すると誰も困らない仕事が結構あって、それを制度としてなくしてしまうという手をよく使います。

もう一つ、先行的な開発や先端的な取り組みは注目されず評価もされないということを逆手にとって、私は会社組織の外のネットワークを使ったりします。あまり褒められた話じゃないですけど、会社の承認を取らず、報告もある程度形になるまでせず、先におもしろいことを実験的にやってしまって、メディアも含め外部の評価を先に得てから社内に戻すというようなやり方ですね。そういったところにもイノベーティブなことにつながるヒントはあるんじゃないでしょうか。

平田　私はリーダーに大事なのは、イノベーティブであることよりも孤独に耐えられることだと思っているんです。要するに知的体力をもつこと。人見さんの先行的な技術開発にしてもそうで、イノベーションが新しいものであればあるほど、初期の段階では誰にも理解されず孤立します。

司会　その孤独の時間に耐えられるかどうかということは、今の日本の若手研究者に問われていることでもありますね。

平田　それは短期的な成果主義とも非常に関連しています。短期的な成果主義というのは、社会や行政のシステムの問題だけではなくて心の問題。例えば冒険というものは準備の期間がものすごく長くて、その間は世間の無理解にさらされるので、冒険心をもつ人は非常に長期的な孤独に耐えなきゃいけない。それを日本人がもう一度できるかどうか、すごく問われているときだと思うんですよ。

小林　その場合、性格が偏屈だといろいろと軋轢を生みますね。日本社会は同調圧力が強いので、そういう人間は面倒くさがられる。面倒くさがられている自分に気づきながら面倒くさがられ続けるには、かなりの知的、精神的体力がいる。先の「超域プログラム」を我々がつくったときにも、事を荒立てる勇気をもつ人間がこれからは必要だろうという思いがあったからです。
　実際、それがイノベーティブかどうかはわかりません。ただ、少なくとも多様性とか違った視点、考え方の中からしか新しいものは生まれないはずですから、そういう人間が生まれやすくなる教育をどうやってやるかが、これからの日本にとって大事だろうと心の底から思っています。

「知的体力」と「対話の体力」を

稲村　平田さんがおっしゃった、言葉で伝えたり名づけたりすることと、孤独に耐えるということには若干パラドックス感、つまり矛盾した感じがありますね。政治家なんかその最たるもので、めちゃくちゃ孤独やけど「わかりやすくせぇ」と言われる（笑）。そういう意味で、これから人材育成においてどういうところが肝になるのかというと、人は「イノベーション人材」と「その他の人」にきっぱり分かれているのではなくて、孤独に耐えている人が名づけることの大切さも知っているとか、それほどイノベーションセンスがある人間じゃないけどいろんな他流試合に出て耐える経験を積んでいるとか、ちょっとずつ双方からの歩み寄りと言いますか、サンドイッチみたいなやり方もあるんじゃないかと思うんです。少なくとも私はそんなイメージをもっています。

平田　孤独に耐えるというのは、ただ単に一人で耐えるということではなくて、それを救ってくれる友人がいて友情や連帯がある。私は発注力と呼んでいるんですけれども、誰かに頼むこともリーダーにはとても大事なことです。内向きな孤独ではなく、発信するということがポイントだと思うんです。

ヨーロッパで仕事をしていると、向こうは議論好きですからすぐ議論になります。ただし、ダイアログ（対話）はディベート（討論）とは違って、お互いが変わることを前提にして話します。私の周りの海外に行く若いアーティストたちには、それに対する向き不向きがあって、向いてない人は「どうせわからないだろう」と諦めちゃうか「何でわからないんだよ」とキレちゃうかするんですね。そういう中でキレない、諦めないことを、僕は知的体力のさらに上の「対話の体力」と呼んで大事にしています。

実際、学校教育に関わる中でよく言うのは「対話の技法は大学でも教えられるけれど、対話の体力は小学生からつけてください」と。要するに異なる価値観、異なる文化的な背景をもった人と出会って、自分が変わることを潔しとする。できればさらに自分が変わっていくことに喜びさえ見出すという体験、つまりバラバラな人たちの中で最終的に集団のパフォーマンスがあがるような経験を子どものうちからたくさんさせていく。このプログラミングがすごく難しい。

司会　稲村さんや平田さんのように一人で立っている人と違って、会社などでチームをつくってやる場合、孤独に耐えることと、それを周りの人と共有することの両立は難しいような印象があります。プロジェクトを仕切る立場のご苦労もおありになると思いますが。

人見　会社というところは、成果を出すところに一番の評価の基準がありますので、なかなかモノに結びつかない先行的なことをしている人が評価されるには、評価の方法を別個にしたシステムまで考えないと、先行的なことを考える人がいなくなります。

一方で、そういう仕事は先ほども言いましたように激しい外圧がきたときに一気に役に立つわけです。ですから僕らは常に外圧を望んでいまして、逆にそれがないと活躍の場がないんです。

人見光夫 氏

小林　人見さんにお聞きしたいのは、たぶん営業の現場からはハイブリッドとか他の開発をしないと生き残れないいんじゃないかという声があがっていたと思うんです。実際、他のメーカーはいろいろ取り組んでいますね。そういう中でどうやって頑張られたのか。

人見　ハイブリッドについては簡単で、トヨタだって儲かるようになるまで年数もコストもすごくかかっていますから、うちがやっても儲からないことは明白です。エンジンの技術で世界の会社がやっていたのが過給ダウンサイジングというものでしたが、我々のエンジンはそれとも違うものでした。私が説明したのは、カタログでは負けても実際の燃費はこちらが絶対いいし、世の中の役に立つということ。コストも絶対安い。これは信念もありました。ただ、このエンジンが成功するかどうかは賭けでしかなかった。でも他に賭けるものがなかったんですよ。

平田　人見さんの話を聞いていて、僕は「愛」を感じました。明らかにエンジンを愛しておられると思うんです。それはとても大事なことで、例えば僕が大阪大学へ来てよかったと思ったのは、見所のある理系学生たちは自分の研究を愛していて、すごく情熱的に語ってくれました。よくわからない研究ばかりでしたが、僕は作家なので彼らの話をすごく関心をもって聞くことができたんです。

稲村　耐えるには成功体験が必要だと私は思うんですね。これに耐えてすごく自分が豊かになったとか、めちゃめちゃおもしろかったとか。私自身も何でこんな耐えなあかんのやろうと思って諦めたくなることが何回もありました。でも起き上がってしまうのはなんでかというと、そういう経験が自分を支えてくれているんですね。今の社会は東浦さんがおっしゃった同調圧力と同じように、あまりにも失敗に不寛容ですよね。行政なんかその最たるもので、いかに失敗せぇへんかというところに力点が置かれちゃうんですよ。それで「イノベーティブな人よ出てこい」と言っても、なかなか厳しいなと思います。

そういう意味で、学生時代は絶好のチャンス。少し社会に接して本格的なことをやらせてもらえるチャンスであり、失敗をさせてもらえるチャンスでもある。自分自身の経験からも、大学の役割はそんなところにもあるんじゃないかなと思っています。

平田オリザ 氏

司会　本当にそうなのですけれども、学生ほど失敗したがらないというのもまた大学が抱える課題で、なかなか難しいなと教育の現場にいて感じています。

東浦　亡くなられた立川談志という落語家が、落語の本質を「人間の業《ごう》の肯定」という言葉で表現されています。社会というものはさまざまな規則や規制で固められていますが、人間の気持ちって本当は楽をしたいし、ずるしたいところもあるじゃないですか。そういった人間の本質を理解しないままものごとを計画しても、やはり失敗するんですよ。ですから学生のうちに旅でもボランティアでもいろんな経験をして、人間の本質をつぶさに観察したり理解したりする必要がある。

そういった意味では、関西人は人間の業の塊といいますか、素で業の世界に生きている方が多いように感じていますが、意外とそこをうまくイノベーションに結びつけきれていないところがあるのかな、と関東から見ていて思います。

失敗から学んでつくりだす「場」

司会 みなさんに通底しているのは、私たちはすごく困難な時代に生きていて、当然、大学はそこに横たわる問題を解決するとまではいかないかもしれないけれど、何らか寄与することが必要で、その一つがイノベーションを起こせる人材の育成だということで、いろいろお話してきました。しかし大学だけで人を育てることができるものでもないということも、たぶん一致している意見ですので、もう少し具体的にどうあるべきかについて議論を進めたいと思います。

稲村 例えば市長という立場で考えますと、まち全体で化学反応が起きやすい環境をどのようにつくっていくのか。そのための仕掛けをどれだけ増やすのか。市役所をいかにそういう組織に近づけるのか。あるいは失敗から学ぶ成功体験をうまく内包させるには、友人や先輩、上司などがどんなふうに接すると良いのか。大学や職場、地域などそれぞれの場において、どういう仕掛けができるかを私自身も発想しています。その一端が最初にお話しました「みんなのサマーセミナー」などの仕掛けです。

東浦 私は「おもしろがる」ことも大事だと思っています。みなさん、ＴＥＤ（注10）ってご存じですか。

Technology Entertainment Design の略で、要は世界の超一流の人たちが、決められた時間の中で身振り手振りの豊かな表現力で最高にクールなスーパープレゼンテーションをするトークショーです。このTEDに対して私はBADっていうのをやったらどうかと思うんです。それは「ばかな」「あたしの」「だめな」話をすること（笑）。つまり自分がどれだけばかな失敗をしたかをさらけ出し、それをみんなでおもしろがりながら何が問題だったのかを考えるような場をつくったらどうかなと。

テレビに「しくじり先生」（注11）という番組がありますね。一世を風靡した人がどん底まで落ち、再びはい上がってきたところで、天狗になっていたときには何がだめで、それをどうやり直して戻ってきたのかを教科書風にわかりやすく描いたものですが、ある意味あれもBADだと思うんです。無謬性からの開放といいますか、誰でも人間なんだから間違えるものなんだ、というところから本質的なものをあぶり出したり、紡ぎ出していくことの場を大学としてつくったらどうかなと思います。

小林　本当にそう思います。私は野球では野村克也が好きなんですけれども「成功に不思議の成功あり、失敗に不思議の失敗なし」と彼は言っているんです。日本の場合は、成功を過大視しますが、実はうまくいかなかった例からのほうが学ぶことは多い。それをなかなかやらず、しかも成功率を高くしないとだめだというような文化があるので、つい成功しやすいところで勝負してしまうわけです。

それにしてもこんなこと言われ続けて何十年ですが、今もなおそういう言葉に説得力を感じてしまうということ自体が実は大問題だろうと思います。

稲村　このシンポジウムに喧嘩を売る気は全くないんですけれども「今求められているのはこれだ！」などと新しいことを議論するのも大事ではありますが、ずっと言われ続けてきていることが結局、今もって

小林傳司 氏

できてないんですよね。それをちゃんとやるというのも大事なんじゃないかと改めて思いました。

人見　貧乏を自慢するわけでは決してないんですが、苦しい状況に追い込まれると口で言うだけでなく、やらないといけない状態に間違いなくなるわけです。そういうときにさまざまな課題を引き受けながらそれらをつなぎ、自分の領域にもち込んで解決策を練ることができたら、非常に大きな成果につながると思うんですよ。いわゆる風が吹けば桶屋が儲かる方式の思考訓練を積んでいくと、イノベーションを起こすための必要条件を一部は満たすんじゃないかなと思います。

司会　起こすというより、結果として起こる率が上がるんじゃないかなという感じですね。

平田　僕は世界中の大学で教える機会をいただきましたけど、フランスのグランゼコール（注12）が圧倒的におもしろかった。そこでは日本の旧制高校的なところがあって、文系・理系の学生が三年間ごちゃまぜに寮生活していて、あたかもトマ・ピケティ（注13）の卵とカルロス・ゴーン（注14）の卵とサルトル（注15）の卵とジスカール・デスタン（注16）の卵を一緒に温めているような感じですね。才能がある人間同士を一つのところに放り込んで健全な競争をさせることはとても大事で、彼らは課題を与えると「お前これやっといてね。おれこっちやっとくから」という感じで役割分担をするのがものすごく早くて慣れている。要はそういう場がつくれるかどうかが大きな課題だと思います。

もう一つ、たくさんのアーティストを育ててきて思うのは、若い人たちは本当に叱られ慣れていないので、きちんと叱ってあげることがとても大事。彼らは東浦さんがおっしゃったような理不尽な叱られ方はしていますが、なぜだめなのかとか何が必要なのかということをきちんと説いて叱ってあげるというのが大人の役割かなと思います。

「社会との共創」に求められるもの

司会　「場づくり」という言葉は繰り返し出てきているキーワードですが、実は「イノベーションをデザインする人材ネットワークとは」という今回のタイトルの「ネットワーク」も、もともと場のつくり方というものを意識していました。そのあたりを含めて、最後に一言ずついただけますか。

稲村　冒頭に申し上げた尼崎市が行っている「長期実践型インターンシップ」は、学生が企業において就職して三〜五年目ぐらいの中堅手前ぐらいの方と一緒に何かプロジェクトをやらせてもらうというもので、ただ学生が場を与えられるだけで

八木絵香 氏

はなく、お互いに非常に得るものが多いと思うんです。企業の方も少し仕事に慣れてきた頃に、右も左もわからん学生に質問攻めにされながら、彼らにわかるように説明することの難しさや大切さを感じたり、聞かれて初めて自分の業務の核心を突きつめて考えたりすることは、後々大きくなって返ってくるものがあるんじゃないかと思います。大学をはじめ各種の団体、企業、組織や行政がこのような取り組みを一緒にできればすごく嬉しいと思い、この場をお借りして改めてお願いさせていただきます。

東浦　今年一月にアメリカでものすごい法律が通過したのをご存じでしょうか。American Innovation and Competitiveness Act、日本語に訳すと「アメリカのイノベーションと競争力に関する法律」というもので、トランプ氏がオバマ政権時代の施策をすべて否定している中、民主党と共和党が超党派で可決した法律です。内容はアメリカのあらゆる産官学民が連携、つまり政府のお金も最高の学術知も企業のノウハウも投入してイノベーションを後押ししようとする法律だそうです。その成果はまだこれからのことですが、本気でイノベーションを進めて世界をとるというアメリカの意気込みとともに底力を感じます。

翻って日本は「産官学民仲よくやっていきましょう」で終始しているような感じがしていて、その壁をぶち抜いていく、あるいはノウハウをどんどん普及させていくための具体的な動きはまだないように思います。別にアメリカを追随する必要はないけれども、グローバル競争の中で日本も気を引き締めなきゃいけないかと思います。

人見　私が大学に期待したいことの一つとして、課題の連鎖をつないでそれぞれの領域に振り分けるというようなことを実際にやってほしいです。例えばインターンシップが非常に有効だということも、学と実の世界を結びつける取り組みの一つですね。学生も自分のやっていることが世の中に通じていることが直接的にわかれば、すごく嬉しいし、モチベーションが上がりますね。そういう喜びを与えてあげたい。

もう一つは、例えば環境問題に配慮しようというと、最初に「電気自動車ありき」でまちの姿を描いていきがちです。しかし世の中が電気自動車だらけになったとき、エネルギーの面で本当に問題なく成り立っていくのか。それ以前に、これまで「カー・ＳＯＳ」（注17）なんて番組のような古い車の再生は難しいとされてきましたけれども、今後それを実現する世界も描けると思うんですよ。そういう根本の問題について、専門領域の人たちが結集してちゃんと結論を出してほしいんです。

というのは、国の省庁は完全に縦割りで全体的な俯瞰があまりされていませんから、文部科学省以外には利害関係がない大学がしっかりと像を描いて、各産業にそれぞれの役割を提案していくような部分をぜひ担ってほしい。我々企業がやると必ず利益誘導のように思われますので、それを大学がやってくださると政策としても本当にいいものになっていくし、我々としてもやりがいのある目標が与えられることにな

ると思います。

平田　私は日本のインターンシップはものすごく過保護だと思うんですね。例えばフランスの中学校では、中学一年生からインターンに行っています。「夏休みは何するの」って聞いたら「スーパーの配送仕事を二週間やる」と。とにかく現場に放り込まれて何のケアもなくひたすら荷物運びをさせられる。フランスの場合、二〇歳ぐらいで人生が決定しますので、それ以降はエリートほど下層階級の人とはつき合いがなくなってしまいます。ですから子どものうちにそういう場をどんどん経験させるんです。要は早いうちに場に放り込む、適度に放っておく、適度に叱る。大阪大学においては、適度な放っておき方と適度な叱り方がまだ全く蓄積のない部分で、今後の大きな課題だと思いました。

小林　インターンシップはこれからの大学にとって非常に重要な教育の場になるだろうと思います。産業界との間で今までとは違う学びの設計を考えなくてはいけない。

それと人見さんがおっしゃった学と実を結びつけることは本当に大事なことですが、今一番問題なのは、それぞれの学部や大学院で学んだり研究したりしている人たち自身が、それを全然意識していないことです。そういう意味では、自分の分野の研究が社会にとってどんな意味があるのか、あるいはどんな限界があるのか、といったことを考える教育をまずしておかないといけない。また、大学が社会の中で利害関係の薄い組織であり、だからこそできることがあるというお話もまさしくそのとおりで、さまざまな組織や部署がフラットに議論する場を提供するとともにコーディネートすることも大学のもつ公共性が果たすべき大事な機能だと思います。

東浦さんがおっしゃっていた「人間の業の肯定」も実はものすごく大事で、そのすばらしさと鬱陶しさという、相反するものに対する感受性をもった大人をつくること。それは結局アートも含めて人文学の仕事であり、教養教育と言ったりもするんですが、教養は専門の邪魔になるという考え方の研究者もいてなかなか難しい。ただ一番のポイントは、人間を理解する能力は仮にイノベーションが必要だとしたときに絶対に不可欠だということですね。

大学というところは常に学生が新しく入ってきては出ていく、産業界とはまったく違う独特の組織です。この新陳代謝が新たなものを生み出す秘訣の一つなのだろうと思います。教員より学生が重要なのです。大学人はみな、そのような組織をきちんと運営していく責任をもつべきであると同時に、これからは産業界の人たちと一緒に、あるいは社会の方々と一緒に、教育プログラムをもっと考えていくことが必要ですので、ぜひ大学の教育にもみなさん関心を向けていただきたいと思っております。

司会　今日の機会を一つのスタートとして、大阪大学としてもいろんな形でみなさまのご助力をいただきながらこの先少しずつ教育プログラムを展開していきますので、ぜひ今後ともご協力をよろしくお願いいたします。ありがとうございました。

注

注1：「尼崎市自治のまちづくり条例」
市制一〇〇周年を機に二〇一六年一〇月八日に施行された条例。自治の基本理念などとともに住民自治の推進に必要な事項を定めたもの。

注2：「東急アクセラレートプログラム」
東急沿線の生活利便性を高める新たなサービスを創出すること、ベンチャー企業の成長を支えるシステムを構築し、渋谷をイノベーション拠点にすることを目的に二〇一五年より実施。

注3：フロンティア人材研究会
ビジネス・イノベーションを生み出す「フロンティア人材」の創出を目的とした調査（二〇一〇年度）を踏まえて二〇一一年度に開催された経済産業省の研究会。

注4：スカイアクティブ（SKYACTIV）・エンジン
既存の技術を追究して世界一の高圧縮比を達成、実用燃費でハイブリッド車に匹敵する低燃費を実現した量産エンジン（内燃機関）。二〇一〇年マツダの新世代技術として発表。

注5：大阪大学コミュニケーションデザイン・センター
第1楽章1の注9を参照。

注6：石黒 浩（一九六三－）
外見や動きが人間そっくりのアンドロイド（人型ロボット）等の研究をするロボット工学者。大阪大学教授。

注7：鷲田清一（一九四九－）
臨床哲学、倫理学を専門とする哲学者。大阪大学教授、副学長を経て第一六代大阪大学総長（二〇〇七－二〇一一年）。現在は京都市立芸術大学理事長・学長、せんだいメディアテーク館長。

注8：「公共圏における科学技術・教育研究拠点」【STiPS= Program for Education and Research on Science and Technology in Public Sphere】
大阪大学と京都大学の連携による人材育成プログラム。科学技術イノベーション政策における「政策のための科学」推進事業の一環として二〇一二年に発足。科学技術の倫理的・法的・社会的問題に関する研究と教育を行っている。ウェブサイトは http://stips.jp

注9：「超域イノベーション博士課程プログラム」
専門分野などの境域を超えて社会でイノベーションを先導していく文理統合型の博士人材の育成を目指した大学院教育プログラム。

注10：TED【Technology Entertainment Design】
同名のアメリカのLLC（有限責任会社）が主催する、さまざまな分野の人がプレゼンテーションを行う講演会。一九八四年にサロン的な集

まりとして始まったが、二〇〇六年以降インターネットで動画配信されて広く知られるようになった。
注11：「しくじり先生 俺みたいになるな!!」
「人生を大いにしくじった人から失敗の回避法を学ぶ」ことをテーマに二〇一四年から放映されているテレビの教養バラエティ番組。
注12：グランゼコール【Grandes Écoles】
フランス独自の高等職業教育機関。教養としての学問や教育ではなく、社会発展に直接寄与する「高度専門職業人の養成」を理念とした教育を行っている。
注13：トマ・ピケティ【Thomas Piketty】（一九七一－）
フランスの経済学者。資本主義における所得格差の拡大を論じた『21世紀の資本』（フランスでの初版二〇一三）が世界的ベストセラーとなった。
注14：カルロス・ゴーン【Carlos Ghosn】（一九五四－）
フランスの自動車会社ルノーの取締役会長兼CEOにして日産自動車、三菱自動車工業の会長を務める。
注15：ジャン＝ポール・サルトル【Jean–Paul Sartre】（一九〇五－一九八〇）
フランスの哲学者、小説家、劇作家。ニーチェやフッサールの現象学を受け継ぎ、実存主義の大家として知られる。
注16：ヴァレリー・ジスカール・デスタン【Valéry Giscard d'Estaing】（一九二六－）
第二〇代フランス大統領（一九七四－一九八一）。
注17：「カー・SOS 蘇れ！思い出の名車」
視聴者の依頼で古い名車を修理して蘇らせるCS放送のバラエティ番組。

稲村和美［いなむら かずみ］

1995年神戸大学法学部在学中、阪神淡路大震災が発生し、避難所でボランティア活動を経験する。証券会社勤務を経て、2003年兵庫県議会議員に初当選、2007年再選される。2010年に尼崎市長選に出馬、全国最年少（当時）女性市長として当選を果たす。2013年から10年間の「ひと咲き　まち咲き　あまがさき」をキャッチフレーズとした総合計画を策定。同年環境モデル都市に選定されるなど、ECO未来都市あまがさきの実現と都市のイメージアップに向けチャレンジを続けている。

人見光夫［ひとみ みつお］

1979年東京大学大学院卒業後、東洋工業（現マツダ）に入社。パワートレイン先行開発部長、開発副本部長、本部長を歴任。2014年より常務執行役員として、技術研究所・パワートレイン開発・統合制御システム開発を担当している。会社存続の危機の中、エンジン技術だけでハイブリッド車並みの超低燃費を実現する過程を綴った『答えは必ずある：逆境をはね返したマツダの発想力』（ダイヤモンド社 2015）が話題を呼んだ。

小林傳司［こばやし ただし］

1954年京都市生まれ。1978年京都大学理学部卒業。1983年東京大学大学院理学系研究科科学史・科学基礎論専攻博士課程修了。専門は科学哲学、科学技術社会論。市民参加型テクノロジーアセスメントである「コンセンサス会議」を日本に紹介して実施した。2001年、科学技術社会論学会の設立に参加した。著書に『公共のための科学技術』（編著、玉川大学出版部 2002）、『誰が科学技術について考えるのか』（名古屋大学出版会　2004）、『トランス・サイエンスの時代』（NTT出版 2007）など。

東浦亮典［とううら りょうすけ］

1985年東京急行電鉄入社後、駅員車掌研修を経て、都市開発部門に所属。1992年東急総合研究所への出向から東急電鉄に復職後、商業施設開発やコンセプト賃貸住宅ブランドの立ち上げなどを手がける。2009年より統括部長に就き、沿線全体の開発戦略、マーケティング、ブランディング、プロモーション、エリアマネジメントなどを統括する。複数の企業が知恵を出し合い、さまざまな立場の違いを超えて、社会、地域課題を議論、解決することを目指したフューチャーセンター等の活動にも関わっている。

平田オリザ［ひらた おりざ］

こまばアゴラ劇場芸術総監督・城崎国際アートセンター芸術監督。1995年「東京ノート」が第39回岸田國士戯曲賞受賞後、国内の数々の演劇賞を受賞。2006年モンブラン国際文化賞受賞。2011年フランス国文化省より芸術文化勲章シュヴァリエ受勲。大阪大学コミュニケーションデザイン・センター教授、東京藝術大学COI研究推進機構　特任教授等を歴任し、2017年4月より大阪大学COデザインセンター特任教授に就任。

第2楽章

異なる知の「つなぎ方」を考える

一歩先の未来を描くために
異分野の視点や知を集める

対談者 江間有沙（東京大学教養学部附属科学技術インタープリター養成部門 特任講師）
水野 祐（弁護士／シティライツ法律事務所 代表）
司　会 水町衣里（大阪大学COデザインセンター 特任助教）

私たちの前に次々と登場する新しいテクノロジーやアート。さらにそれらを利用したさまざまな情報サービスや製品も数限りなく生まれ続けています。そうした新しい価値を社会に提示し、実証・実践しようとする人たちを支援するためには何が必要でしょうか。一方、新しいテクノロジーやアートを享受する社会の側の人びとは、その恩恵とともに横たわるさまざまな問題やリスクをどこまで認知し対応しているのでしょうか。第一線のクリエイターやイノベーターたちと社会との間で活躍する研究者と弁護士が、未来へのビジョンとともに、異なる分野や価値観が出会う場づくりやシステムづくりの挑戦を語ります。

対談者プロフィール

江間有沙［えま ありさ］

2012年東京大学大学院総合文化研究科博士課程修了。博士（学術）。京都大学白眉センター特定助教を経て、2015年4月より東京大学教養学部附属教養教育高度化機構科学技術インタープリター養成部門特任講師。2017年1月より国立研究開発法人理化学研究所革新知能統合研究センター客員研究員。人工知能学会倫理委員会委員。人工知能と社会の関係について考えるAIR（Acceptable Intelligence with Responsibility）研究会を有志とともに2014年より開始。著書にSF作家と人工知能学会研究者による『AIと人類は共存できるか？人工知能SFアンソロジー』（共著、早川書房 2016）がある。

水野 祐［みずの たすく］

2013年にシティライツ法律事務所を開設。クリエイターのための無料法律相談組織「Arts and Law」代表理事。Creative Commons Japan理事。慶應義塾大学SFC研究所上席所員（リーガルデザイン・ラボ）。その他、FabLab Japan Networkなどにも所属。著書に『法のデザイン 創造性とイノベーションは法によって加速する』（フィルムアート社 2017）、『クリエイターの渡世術』（共著、ワークスコーポレーション 2010）、『オープンデザイン 参加と共創から生まれる「つくりかたの未来」』（共同翻訳・執筆、オライリージャパン 2013）、『デジタルで変わる宣伝広告の基礎』（共著、宣伝会議 2016）などがある。

司会　新しい科学技術や新しい表現が次々と生まれ出て、世の中に根づこうとしている今の時代に、どういう分野や立場、仕事をつなぐことが必要なのかを考えたいと、今日は江間さんと水野さんのお二人をお招きしています。まず、江間さんは人工知能やロボット、情報技術などにかかわる研究者と社会の人びとの間でどのように良い関係を築いていくかを考えていらっしゃいますね。

江間　はい、私自身の専門は「ＳＴＳ」と呼ばれる分野です。ＳＴＳは「Science & Technology Studies（科学技術論）」という理論的・方法論な側面と、「Science, Technology & Society（科学・技術と社会）」として科学・技術の橋渡しをする活動や実践という二つの側面があります。その中でも情報技術の社会的影響を主に研究してきました。

例えば子どものランドセルにＩＣタグをつけて登下校を管理するシステムが一般的になってきたのをみなさんご存知だと思います。最近は駅の改札を通るとその情報が親や学校に自動送信されるシステムもありますが、それが導入されたと聞いたとき、私はちょっと違和感をもちました。「すごい」とか「待ち望んでいた」と思う人も多くいる中でなぜそう感じたかというと、子どものプライバシーの問題もありますが、それ以上に「安全」や「安心」という言葉の使われ方が気になったのです。例えば子どもを誘拐しても、誰かが代わりにＩＣタグを移動すればわからないですよね。すると技術は安心の担保になっても、実際の安全の担保にはならない。あるいは「行動を見られている／見る」ことは安心な場面もあれば、逆に不安や不信を増す場面もある。だからといって技術を導入するな、と言いたいわけではありません。ちょっと立ち止まって、便利や安全、安心、信頼といった言葉をともなって導入される情報技術が持ち得るさまざまな影響について考えたいのです。

そんな関心から、これから人工知能が浸透していく社会について、情報学や哲学・倫理学、社会学といった異分野の若手の人たちが集まって考える、ＡＩＲ（注1）というグループで活動しています。

私の活動は、さまざまな人たちが出会う場と全員が共有できる問いを設定して話そうと呼びかけるところから始まります。そして次の対話やアクションを考えるところまでもっていきたい。ＡＩＲもそうやって始まりました。二〇一四年に人工知能学会が表紙を刷新した時に女性差別だなどの批判があって炎上しました。それについてたまたま研究室の同僚と話しているうちに、情報学系の人と人文・社会科学の人が対話をする場がなかったことに気づいたんです。こういう具体的な問題から始まったのですが、今では、異分野の研究者で一緒にアンケート調査やフィールド調査を行う研究グループができています。でもその仲間も「たまたま近くにいた」とか「知り合いの知り合い」といった細いつながりで始まっているので、対話を始めるには信頼関係づくりが大事だと思っています。

水野　具体的にどうアプローチするんでしょうか。

江間　もともと技術がどこまでいくのか、技術を人がどのように扱うのかを考えるのが好きなので、研究のお話や個人史を聞くのが楽しくて。「そもそも何でその研究をやっているんですか」といろいろ聞いて問いを深めていくと、法律の壁だとか倫理の壁だとか、いろんなものにぶちあたります。同じようなことを倫理や法の専門家の方ともしていたりするので、そうすると意外と似たような問題関心をもっていたりする。だったらその人たちと話してみませんかといって場をつくってプチ炎上させてみたり……。

水野　それはプロトタイプ（注2）を出す場をつくるような話に近いですか。もうちょっと精神的な面での話ですか。

江間　人工知能とかロボットの問題だと、今の技術でできることと将来的にやりたいことの間にはかなりギャップがあると思うので、基本的にプロトタイプにすらなっていないものが多いと思います。一方で、情報技術がすでに実装されているような場所にフィールド調査に行って、今後プロトタイプを出すときにはどんな壁があるのかとか、どんなサポートがあったらいいのかといったことも話しています。

新しい価値づくりをサポートする

司会　一方の水野さんは、新しいテクノロジーやアート表現などが世の中に生み出されるときの諸問題を、法律家の立場からサポートするようなお仕事をされていますね。

水野　弁護士というと、何か問題が起きたときの訴訟で弁護したり代理を務めたり、という事後的な解決をするイメージが強いと思います。もちろん私もそういう仕事もするのですが、私が得意としているのは契約書や規約などを活用した事前の予防法務とか戦略法務と呼ばれる分野です。また、課外活動やボランティア活動もやっています。プロボノ活動（注3）といわれるもので、具体的には無料でアーティストやクリエイターの法律相談にのるＮＰＯ（Arts and Low）（注4）の代表を務めたりもしています。

江間　ご自身も実際に何かアート活動をされているんですか。

水野　いや、全然してないです。でも、学生時代からものづくりをしている人たちが周囲にいて、その活動を見ていました。裏方とか仕組みをつくるほうに興味があったんです。

江間　それは、どういう仕組みですか。

水野　例えば、映画やアニメの現場の労働条件が悪いといったような制作環境の整備とか、日本のコンテンツを海外に広げていくビジネスモデルとか。今だとクラウド・ファンディング（注5）とかがありますが、私が好きなマニアックな音楽や映画のクリエイターがそれなりに食っていけるようなファンディングの仕組みとかです。最近アーティストやクリエイター、ビジネスマンの人たちとしゃべっていて感じるのは、僕は結局、新しい価値を社会に提示、実証しようとしている人たち――イノベーターと呼んでいますが――をサポートしていきたくて、今はそのための仕組みをつくりたいという思いが強いですね。

江間　そういった人たちが生みだそうとしている新しい価値自体にも共感したり、おもしろいと思ったりするんですか。

水野　そうですね。弁護士って基本的に「きた仕事を受ける」という、受託系のマインドが刷り込まれている職業です。だけど僕は興味があると自分で頭を突っ込んでいって仲間に加わり、そこで出てくる問題に内側からかかわっていきます。もちろん最初は仕事じゃないですけど、仲良くなっていくうちに仕事が出てくる、というようなかかわりが多くて、仕事の仕方が自分発信なんですね。それが結構重要なことだろうなと思っています。

今の時代、法律家だけで解決できる問題は本当にごくわずかなのに、法律家というのは法的手段によってすべてを解決しようとし過ぎる傾向があって、それでは世の中は全然回らない。現場の人と同じ言葉でディスカッションしながら忍耐強く解決方法を考えていかなきゃ前に進めないケースが多いんです。そういう現状の法律業界に不満というか不足を感じるところがありますね。

江間　でも、そうすると法自体の概念というか、境界線自体を変えていかなければならないですよね。水

水野祐 氏

野さんのような考え方をお持ちの方は他にもいらっしゃるんでしょうか。

水野　そうですね。プロジェクトによって、自分が全く得意でない分野だったら、得意な弁護士をアサインして一緒にやったりすることもあります。というか、それも非常に重要な役割になってきていると思いますね。

江間　いろんなところに出かけていって内側からかかわりたいという思いがあるとおっしゃいましたけど、最初から問題が見えているわけではないですよね。

水野　最初は全然見えてないですね。逆にすでに問題が見えている分野であれば、自分が入っていく意味がないとさえ思っているかもしれません。さまざまな分野で気になる事象、例えば興味ある人の話の中にブロックチェーン（注6）という言葉が出てきたとします。おもしろそうだな、と思ったら関連する本を読んだり、シンポジウムに参加してみたり、いろいろ調べていくんです。するとおもしろい人同士はつながっているところもあるので、紹介してもらったりして仕事もつながっていく。基本的なスタイルとして、そういうやり方で人や仕事がつながっていくことが結構多いですね。本当に好きなことをやっているだけなんですけど。

司会　お二人は分野は違えど、結構似たようなことを考えておられるように感じます。

水野　そうですね。江間さんとは初対面ですが、目的に向けて突っ走るクリエイターでありイノベーターでもある科学者たちと社会の間のコミュニケーターのような存在として、一部、弁護士にも似た仕事を何となくしれっとやっておられるタイプかと。

江間　いやいや。でも興味をもったらとにかく話を聞きに行っちゃうような、結構フットワークは軽いタイプです。

水野　僕も別に用事もないのに研究者の研究室や友達になった人の会社に遊びに行ったりすることがよくありますよ。

「より良い豊かな社会」へのビジョンを

水野　もう一つ、弁護士業界への不満になるんですが、弁護士ってこういう未来がきたらいいなとか、この業界はこうなっているべきだといったビジョンがある人が少ないんですよ。あるいは、実はみんなもっているのかもしれないけど、出すことをためらわれるような教育を受けているという感じかもしれません。

僕はわりと自分自身が好きな未来というか、好きなビジョンがあるんです。かかわっている仕事についても、こうなればいいなというビジョンがある。特に未開拓の異分野は現在進行形で新しい技術が出てくるので——まさに人工知能などがそうですけど——新しい価値観で物事を進めるときには、どうしても法的にどうだろうかと迷うようなグレーゾーンがすごく多いのです。そこで迷いが生じたときにビジョンがあると、これはいくべきだ、これは止めとくべきだという判断に、わりと確信をもつことができる。

江間　自分のビジョンと照らし合わせて、ゴールを設定できるんですね。

水野　そのゴールのためのロジックをつくります。現行法の法解釈からはこの文言が問題になっていて、今まではこう解釈されていたけれども、実はこういう過去の判例があって、それに今の社会的状況を鑑みながらいろいろ掛け合わせればこういう解釈もできるじゃないかということをやっていく。その際、ポイントとなるのは社会的意義です。ビジョンと言い換えてもいいかもしれません。

日本社会ではこれまでにない新しいものはすぐにコンプライアンス、つまり法令遵守と言われてつぶされがちです。でもグーグル（Google）とかタクシーの配車アプリのウーバー（Uber）、ユニークな宿泊施設の予約サイト、エアビーアンドビー（Airbnb）なんかがやってきたことは、法令をただ守るだけでは絶対に出てこないものです。やはり新しいものを生み出すときには、何かこうあるべきだというビジョンとともに法的な裏づけや倫理的な裏づけが必要だと思います。僕はそのお手伝いをするつもりでやっています。

江間　私もビジョン設定は大事だと思います。「人工知能が社会に浸透したら雇用はどうなるのか」とか、「自動運転車が普及したら人の生活はどうなっていくのか」といった、先に技術ありきの問題設定は違うんじゃないかと思います。どういう社会に私たちは住みたいのか。どういう社会にするために技術をどう使うのか。ビジョンに照らし合わせることで、場合によっては技術を使わないという選択肢だってそこにはあってもいいはずで、そういう部分をまずは考えたい。

水野　新しい技術が登場するときには必ずその危険性がクローズアップされるけれど、僕はそれをすごく馬鹿らしいと思うんです。例えば車って交通事故で毎年多くの人が死んでいるように本当はすごく危険なものなのに、みんな当たり前のように使っていて社会的な承認が得られていますね。ここで研究されるべきだなと思っているのは、なぜ車という技術がこれまでの危険性をもちながら、ここまで社会に浸透したのかということ。本当はビジョンのために技術をどう使うか、その使い方が問題なのであって「○○という技術は危ない」とか言うのはナンセンスだと思う。

江間　そのビジョンは、誰が、どうやってつくっていったらいいでしょうか。

水野　よく「より良い社会、より豊かな社会」という言葉を耳にしますね。実はこの「より良い社会、より豊かな社会」って何だろうかと最近よく考えるんです。僕の中の答えとしては、複雑で多様な物事が、複雑で多様なまま受容される、または成立しうる社会。それが僕が望んでいる「より良い豊かな社会」だと思っています。ちょっと抽象的かもしれないですが、それ以上の具体化は今の僕にはまだできない。

江間有沙 氏

江間　私は人が自律的に行動、判断できなくなる社会や技術が気になっています。ＡＩ（人工知能）とかＩＴとかの技術は人間をサポートしてくれるものであって、それに人間が従わなきゃいけなかったり、使われたり、知らないうちに誘導されていたりするのを私は嫌だなと思う。でも一方で機械に任せたら楽だ、安心、と感じる人もいるし、私自身がそう感じてしまう場面もある。

水野　例えばフェイスブック（Facebook）とかツ

イッター（Twitter）などのＳＮＳ（ソーシャル・ネットワーキング・サービス）がまさにそれで、見ていても自分の趣向にあったものしか出てこない。アマゾン（Amazon）からの「おすすめ商品」にしても誘導されている感が強まっていて、今そういうことがフィルターバブル（注7）と言われて問題視されてますね。

江間　そうしたバブルの中にいると便利ですし、安らぎや共感もあると思うんです。その安心感自体は大事だけれども、そこからぐっと踏み出して違う価値観の人や考え方に出会ったり、全然違う技術の使い方を知ったりしていくと、もっと世界が広がる。そういう場や仕掛けが好きなんで、だったら自分たちでつくっちゃえという感じですね。

水野　その枠の外に出てつながっていかないと、昨今のトランプ大統領じゃないけれど分断が起きちゃうというような話が一方であるわけですよね。

縦と横をつなぐダヴィンチ的仕掛け

司会　さきほど水野さんは未来に向けての話をされましたが、つなぐという意味では、お二人とも異分野の人や違う業界の人をつなぐという面だけでなく、未来と今をつなぐお仕事もされているように思いました。

江間　私は加えて過去ともつなぎたいと思っています。ＡＩＲでは八〇年代の第二次ＡＩブーム（注8）のときに活躍されていた方々へのオーラルヒストリー研究をしています。そのとき何が起きていたのかとか、共同研究はどうやっていたのかとか。昔考えていたことも今の技術や社会だったらできるのでは、などという熱い思いを聞くと、今、私たちが何をやればいいかを考えさせられます。

水野　意外に、問題の本質って変わってないんですよね。

江間　そうなんです。変わらないのに、それが現在につながっていない。

水野　そう、つながってないんですよ。何か同じ労力を繰り返して、無駄だなと思うこと多いですよね。僕は過去に興味がないわけじゃないんですけど、時間的余裕の問題から過去を掘ることはあまりできてなくて未来のほうに行きがちではあります。

江間　異分野の人と一緒に過去を掘るといいことがあります。最初は全然違う関心をもっていても、ある程度過去にさかのぼると共通の問題に行き着いたり、一人の人が全部のことをやっていた時代があるわけです。そういう人にインタビューにいくと……。

水野　ダヴィンチ的な展開になるんですね。

江間　現在、学問分野が細分化しすぎてるんです。三〇年前はアートや技術や哲学などいろんな観点を使って議論をしていた。そういう自分たちの学問分野のルーツの話を聞くと自分たちの結束を強めるのにも一役買うし、自分たちの取り組みの枠組みを改めて問い直すこともできる。それで定期的にみんなでインタビューにいくことをやっています。

水野　つながるという意味では、僕は「クリエイティブ・コモンズ」(注9)という活動をやっています。これは著作権の問題で、一般に世の中に出した著作物や創作物は権利的に誰もが使えない状態になっちゃっているけれども、自分の名前さえ表示してくれれば自由に使っていいとか、営利目的じゃなきゃ使っていいといった作成者や権利者の意思にもとづいてコンテンツがどんどん広まっていくことをねらった法的な仕組みです。これも人のつながりではないけれど一つのつながりを生む技術で、コンテンツあるいは情報がいろんなものとある意味で交配していくための一つの法的な技術だと思っています。

僕はこの「クリエイティブ・コモンズ」に長年取り組んでいることもあって、公的な意味でのオープンソース（注10）とかオープンイノベーション（注11）といったオープン化のプロジェクトに企業や行政などいろんな人と仕事をする機会があります。つながりを生む技術的な仕組みとして、このオープン化の動きが昨今非常に注目されているなと思っています。

江間　まさにそれを自分たちがつくっているものに適用しようかと考えているところです。科学技術と社会について考える「nocobon」（注12）っていうゲームを同僚とつくりました。今、「クリエイティブ・コモンズ」としていろんな人に使ってもらうための仕掛けを考えているところです。

水野　それとは別に「TATEWARI」（注13）なんていうおもしろそうなゲームも開発されていますよね。霞ヶ関とか日本の企業の縦割りによる制度疲労をテーマにしたもので、〝超・立体的〟協力ボードゲームなんていうキャッチフレーズがつけられていますね。

「怪獣×怪獣」のバトルを楽しむ

司会　話を少し戻しますが、先ほど水野さんは一般的な弁護士はあまりビジョンを立てないようにトレーニングされているのではなかろうかとおっしゃいましたね。ではどうして水野さんはそうじゃない人になったんですか。

水野　やっぱり多様性とか寛容さとか複雑さみたいなものを愛している自分がいて、ではなぜそれを愛しているかというと、自分がそういうものに影響を受けて変わっていく経験をしているからなんでしょうね。僕は映画とか音楽とか本とか、そういったカルチャーに救われてきたし、多大な影響を受けてきたから、そういったマイナーなものでも受容されやすい社会がくるといいなと思っているし、そういう価値観を信じている。僕以外の弁護士の中にもそういう価値観を大切にする人もいます。

司会　第二の水野とか第二の江間みたいな人が育っているということですか。

水野　いえ、それぞれ違っていていいと思っています。第二の僕なんて気持ち悪いですよね。

江間　私もそう思います。自分が複数人いたら、あまりうまく回らないかも。

水野　僕のフォロワーじゃだめだと思うんですね。もちろん僕も先人から多大な影響を受けて今いるわけですし、自分に何ができるかを考えながら生きていますが、自分がどうつくられてきたかとか、自分みたいな人間がたくさんいたほうがいいというよりは、全然ベクトルは違うけれどもおもしろい変わった人たちがもっと増えて、社会的にもそれぞれ不自由なく生きられる状態が望ましいという気がします。

江間　私の周りには、ある専門家集団の中でもちょっと違う視点をもっていたり、違う役割を担っていたりする人が結構います。そういう人たちは、問題意識があっていろんな分野

を漂流していたり、あるいは逆に漂流している中で問題意識をもつようになったりする。そういう経験があって初めて異分野とかかわる楽しみや意義が理解できるところもあるのかなと。そういう人たちとの対話はとてもおもしろい。

水野　さきほどの「クリエイティブ・コモンズ」という仕組みのように、他分野からの流入の枠組みを緩くしてミクスチャーを起きやすくする環境をつくるテクニックも少しずつ形式知化されてきている気がします。僕個人としてもおもしろい人が好きですし、わりと直感的に「この人とあの人を会わせて、その話を聞いてみたい」と思いつきます。「この怪獣同士の戦いを見てみたい」とつい思っちゃうんですよね（笑）。異質なものが合わさると何が起こるのか見たくなる。

江間　確かに型はあってもいいかなとは思いますね。型に縛られたらおもしろくないけれど、型を知った上で型を破ることが大事なのかなと思います。私がおもしろいと感じる人は、その型をうまく再構成して何か自分なりのアウトプットにつなげられる人。基本的に、何者かわからない人がおもしろい。そういう人たち同士が出会うと、何かまた別な新しいものが生まれるんじゃないかと思います。

「つなぐ人材」づくりへのアプローチ

司会　江間さんは最初、ランドセルにＩＣタグつけることに違和感があるとおっしゃっていましたが、私たちのＳＴ:ｉＰＳというプログラム（注14）は、新しい科学技術への期待や懸念を事前に拾っておいて、研究者なり政策担当者にフィードバックするという活動にも取り組んでいます。するとさっき水野さんが本来非常に危険なはずの車が、今や社会に認知されているとおっしゃっていたのが気になります。

水野　車がどうやって社会に浸透していったか知ってますか。

江間　道路法が整備される前に走り始めちゃったということですよね。たぶん海外、特にアメリカには規制がなければやってしまおうというスピリットが若干あると思うんです。それがイノベーションだと。それに対して日本はこの範囲だったら大丈夫という枠がわかってからやろうというところがあるので、どうしても後手に回ってしまうのかなと。

水野　それは必ずしも悪いことじゃないとは思うんですけど、イノベーションを生もうとしたときには、日本がちょっと弱くなるのは否めない。

江間　でも研究しやすいからといって海外に出ていってしまうのは、ちょっともったいない。そういうこともあって「特区」(注15)だとかいろいろと仕組みをつくっていると思うんです。新しい技術に対して事前に議論をしておくに越したことはないけれども、それを社会に出す前にちょっと実験的に出してみて反応を見るという仕組みもできたらいいなあと思います。

水野　例えば、アイデアソン(注16)とかハッカソン(注17)とかいうのも、その一つの仕掛けになっていると理解していいですか。

江間　ハッカソンは、その分野の専門家たちが一定期間集中して、何かとがったものを出していこうというＩＴ分野の動きですよね。それに対して、私たちはコミュニケーションとか科学技術とか倫理といったいろんな分野や現場まわりを、期間も決めずにうろうろしている感じです（笑）。

水野　その「うろうろ」が大事なんじゃないかな。僕もいつもうろうろしています。

江間　結果を出すために時間を区切って物事を調整するのも大事だとは思いますが、個人的にはそれだけだとおもしろくないなというのがあって。もう少し余裕や余白をもって何か違う枠組みとか違う見方とかも考慮にいれてその目的自体をもう一回再構成して考えてみたい。そういう試行錯誤や実験が許される場や再構成の視点が大事なのかなと思っています。

水野　もっと、闇鍋感を味わうことが大事だと（笑）。

江間　そうそう（笑）。「問いをつくる」というのはたぶんそういうことです。みんなを巻き込める良い問いをつくることができれば、それに対するアプローチや答えはそれぞれ別でも構わないというのが、私がやっているスタイルです。ただ、弁護士さんの場合は目的というか仕事のタイプが違うかも。

水野　確かに弁護士はプラクティカルというか、具体的なゴールが比較的ある仕事だと思います。

江間　どちらかというと私は発散したいタイプなので、たちが悪いかもしれません。「そもそもさあ」と言うと「今頃、そもそも論なんてする？」みたいに言われたりします。

水野　そういうやり方だと話が集約していかないわけだから、余計なことをしていると思われたりしませんか。江間さんの価値にどう気づいてもらうんですか。あるいは、あらゆるプロジェクトが江間さんを通っていくような仕組みをつくるのか。

江間　なんとなくですが、今のままでは社会や技術がうまくいっていないと感じて「そもそも論」や違うものの見方や仕組みを求めてる人は多い気がします。私がおもしろいと思う人を集めた「闇鍋」イベントみたいなものも、ときどきやっています。そうやってつながりができたら、そのあとは私を通らなくても派生的にネットワークができたらいい。あと、発散はするけれど記録は残します。そうすることで次のアクションや新しい人たちにつながったりする。

水野　たぶん、やりたいこととか見ているものは近いのかもしれないですけど、アプローチの仕方が違うんでしょうね。

江間　最終的なアウトプットの形も違うかもしれないですね。やっぱり弁護士さんとしては契約書とか形をつくるでしょう。

水野　それだけでもないいんですけど、まあ、そういう傾向はありますよね。

江間　あと、私はそういう闇鍋が大好きな人間なんですが、異分野交流が苦手とか嫌いと言う人たちもいるので、そこは押し付けないように気をつけなきゃなと思ってます。

水野　僕は多様性というものに対して寛容でなきゃいけないと思っています。だけど非常に難しいのは、寛容じゃない人に対しても寛容でいること。この難しい問題に対しては、ずっと解決できないもやもやを感じていますね。もちろん最後はそういう人もいてしかるべきというところに落ち着くんですけど、いろんな政治情勢を見ると、なかなかそうも言っていられないところがあって、そこはまさに難しいなと思っています。

司会「多様な社会」という言葉を私もよく使ってしまうのですけど、それって何なんだろうと考えると本当に難しいですね。その中で大学の役割を考えると、大学は冗長で大変だけれども、そういうことを考えていける場所でもあると思います。

水野　今、産学連携でいろいろビジネスを起こしていこうというブームもあります。そういう視点も必要だと思いつつ、そこに振り切り過ぎるとまた問題だということですね。

江間　大学によって特色が出るのもいいと思うんです。その中でつなぐ人材をどうつくり、輩出するか、そしてその人たちがどういう活動をしていくのか楽しみですね。

司会　ＣＯデザインセンターもこれから頑張って考えていきます。ありがとうございました。

注

注1：ＡＩＲ【Acceptable Intelligence with Responsibility】
人工知能と社会の関係について考えることを目標に、二〇一四年に立ち上げられた研究会。ウェブサイトは http://sig-air.org/

注2：プロトタイプ【prototype】
原型の意。デモンストレーションや新技術の検証のため、設計・製造された原型機・プログラムのことを指す。

注3：プロボノ活動【pro bono publico】
「公益のために」という意味のラテン語からきている。社会人が自らの専門知識・技能を活かして参加する社会貢献活動のこと。

注4：「Arts and Law」
芸術の自由な表現活動を法的な視点からサポートする目的で二〇〇四年に発足した法律専門家団体。無料相談、文化機関の支援、セミナー開催などを行っている。ウェブサイトは http://www.arts-law.org/home

注5：クラウドファンディング【crowdfunding】
不特定多数の人がインターネットなどを経由して他の人びとや組織に財源の提供や協力を行うことを指す、群衆（crowd）と資金調達（funding）を組み合わせた造語。

注6：ブロックチェーン【blockchain】
ブロックと呼ばれるデータの単位を一定時間ごとに生成し、鎖のように連結していくことでデータを保管するデータベースのこと。二〇〇九年に提唱された技術で、データの改ざんに強い。

注7：フィルターバブル【filter bubble】
インターネット検索サイトのフィルター機能によって、過去の検索・閲覧履歴に基づいてユーザーの嗜好に合わせた情報が入手しやすくなる一方、嗜好に合わない情報からは隔離され、実質的に自身の文化的・思想的な皮膜（バブル）の中に孤立するようになっていくこと。

注8：第二次AIブーム
第一次ブームがパズル、迷路など単純な問題しか解けずに収束した後、専門家の知識をコンピュータに移植することで現実の複雑な問題も解くシステムが考え出され、一九八〇年代に再び起きた人工知能ブーム。
注9：「クリエイティブ・コモンズ」【creative commons】
インターネット時代のための新しい著作権ルール「クリエイティブ・コモンズ・ライセンス」を提供する国際的非営利組織とそのプロジェクトの総称。ウェブサイトは https://creativecommons.jp
注10：オープンソース【open source】
ソフトウェアなどのソースコードが公開されること。それにより、世界中の誰でもソフトウェアの開発・改良が可能となる。
注11：オープンイノベーション【open innovation】
自社だけでなく他社や大学、地方自治体、社会企業家など異業種、異分野がもつ技術やアイデア、ノウハウを組み合わせ、革新的な研究成果やサービス開発につなげるイノベーションの方法論。
注12：「nocobon」
東京大学の研究者で企画・開発された、科学的なものの見方や統計リテラシーについて学ぶためのコミュニケーション型推理ゲーム。高校や大学の授業、ワークショップなどで使われている。ウェブサイトは http://science-interpreter.c.u-tokyo.ac.jp/nocobon/
注13：「TATEWARI」
京都大学の研究者を中心に企画・開発された、縦割り社会を生き抜く対話スキルを学ぶボードゲーム。企業や役所などの人材育成教材としても採用されている。
注14：STiPS＝「公共圏における科学技術・教育研究拠点」
大阪大学と京都大学の連携による人材育成プログラム。詳細は間奏の注8を参照。
注15：特区
特別行政区の略。本国の地方行政制度とは異なる行政機関が設置され、独自の法律が適用されるなど大幅な自治権をもつ地域のこと。
注16：アイデアソン【Ideathon】
アイデアとマラソンを組み合わせた造語。新しいアイデアを生み出すために、主にIT分野で行われるイベント。一九九〇年頃アメリカで発祥。
注17：ハッカソン【hackathon】
既存ソフトウェアの改善を主目的としてプログラマー、グラフィックデザイナーなど、開発分野のさまざまな職種の人が集まり、集中的に作業をするソフトウェア関連プロジェクトのイベント。

アイデアをかたちに
人類進化ベッドはこうしてできた

鼎談者　石川新一（東南西北デザイン研究所 代表／環境デザイナー）
岩田有史（株式会社イワタ 代表取締役／快眠研究家）
座馬耕一郎（京都大学大学院アジア・アフリカ地域研究研究科 研究員）

司　会　水町衣里（大阪大学COデザインセンター 特任助教）

枝を折り、小枝を積み重ねて日々寝床（ベッド）をつくるという野生のチンパンジー。その寝床の快適性や機能性に着目した斬新な寝具が生まれました――「人類進化ベッド」と名づけられたこのユニークな寝具は、通常とは全く異なるアイデアとプロセスのもと開発されたといいます。三人の仕掛け人＆開発者による「人類進化ベッド」の開発ストーリーを通して、ユニークなアイデアを形にすること、世に送りだすことの意義や、「既成」を飛び越えるモノづくりのあり方、その試みにおいて必要なものなどを探りました。

鼎談者プロフィール

石川新一
［いしかわ しんいち］

1969年大阪府生まれ。GK京都を経て、東南西北デザイン研究所設立。現在、京都造形芸術大学非常勤講師、大阪工業大学非常勤講師。2014年SDA賞入選（INAXライブミュージアム 世界のタイル博物館）。「人類進化ベッド」開発のデザイン担当。

岩田有史
［いわた ありちか］

1983年、家業である京都の老舗寝具メーカー・株式会社イワタ（創業1830年）に入社。1988年より睡眠の研究を始める。睡眠環境、睡眠習慣のコンサルティング、眠りに関する教育研修、寝具の開発、睡眠環境アドバイザーの育成などを行っている。「人類進化ベッド」の開発において、寝具開発におけるプロフェッショナルの立場から協力。

座馬耕一郎
［ざんま こういちろう］

専門は人類学、霊長類学。野生チンパンジーやニホンザルの行動、生態、社会、文化について研究を行っている。2017年4月より長野県看護大学准教授。著書に『チンパンジーは365日ベッドを作る』（ポプラ社2016）がある。「人類進化ベッド」の発案者。

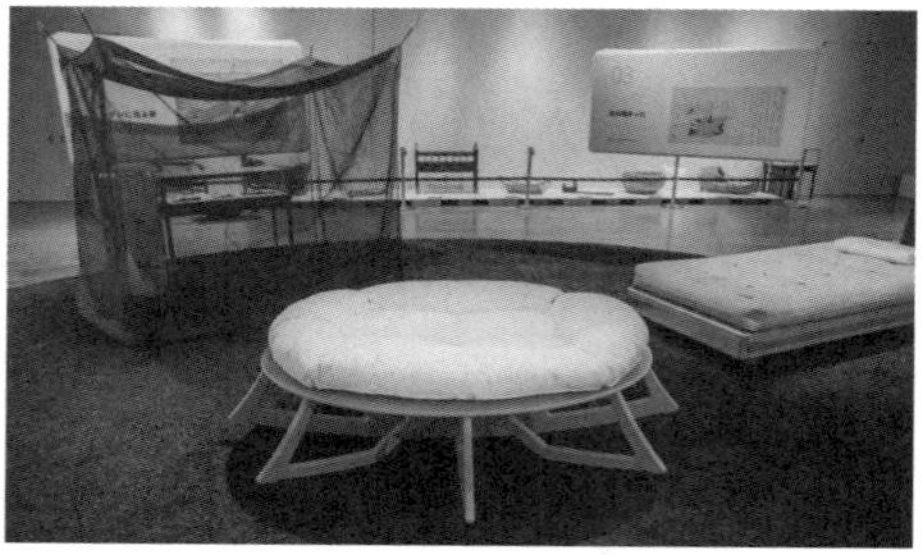
写真１：「ねむり展」で展示された第４次試作の人類進化ベッド。

司会　今回お招きしているのは三人です。デザイナーとチンパンジー研究者と、寝具メーカーの方。いったいどういうつながりなの？と思われるかもしれませんが、このお三方がタイトルにあります「人類進化ベッド」をつくりだした立役者です。今日はこの人類進化ベッドの開発ストーリーを通して異分野のお仕事のつながり方、つなぎ方についてお伺いしていきたいと思います。

まずは「人類進化ベッド」って何かをお聞きしてみたいと思います。写真で見るとこんなベッド（写真1）ですが、これはチンパンジーの研究者、座馬さんが実際にチンパンジーの寝床に寝てみて気持ちがいいと思い、それに似せてつくったベッドだそうですね。

座馬　野生のチンパンジーはアフリカに生息しているんですけれども、僕は一九九九年からタンザニアのマハレ山塊国立公園で調査を始め、二〇一〇年からは夜中もずっと森の中に入ってチンパンジーがどのように眠っているのかとか、真夜中にどんな行動をするのかといった研究をしています。チンパンジーはどんな風に眠るのかというと、木の上にベッドをつくって眠るんです（写真2）。高さ五～二〇メートルぐらいの、ビルだったら二～三、四階ぐらいの結構高い木の上です。木の枝と葉でつくられた、ちょっと真ん中がくぼんでいる楕円形のベッドです。

司会　チンパンジーが寝ている様子（写真3）もなんだか気持ち良さそうですね。

座馬　寝てみるとこれが本当に心地良くて、これまで寝てきた中で、一番、寝心地の良いベッドでした（笑）。

司会　こわくないですか。高いところ。

座馬　最初、こわかったですね。五～六メートルぐらいの高さのベッドに上ったのですが、木の幹の太さが直径一五センチぐらいの片手でつかめる程度の細さだったので、結構揺れてこわかったです。でも横になると、ベッドの真ん中のくぼみに体がすっぽりと包み込まれるような感じでおさまって、ものすごく安心感が得られる。そうなるとこわいと感じた揺れもとても心地良くて、本当に気持ちがいいんですね。

岩田　そのお話を聞いて、寝具を扱っている私としては大いに触発されました。

司会　岩田さんは寝具メーカーを経営されていますね。

写真 2：緑が鮮やかなチンパンジーのベッド。2010 年 12 月 16 日、タンザニア、マハレにて撮影。

写真 3：昼寝のときにもベッドをつくることがある。2010 年 12 月 21 日、タンザニア、マハレにて撮影。

石川新一 氏

岩田　はい。私の会社は京都に本社がございまして、創業は一八三〇年（天保元年）。一八〇年以上、国内で寝具を製造してきたのですが、使っている素材がちょっとユニークで、羽毛だけでなくラクダの毛とかヤクの毛、馬のしっぽ、麻のフェルトなどあって、私自身、各地を駆け回っていろんな天然素材をさがしに行くので、去年はある雑誌が「寝具業界のインディ・ジョーンズ」と紹介してくれました（笑）。

石川　そこに主に工業製品のデザインをやってきた僕が加わって、今は三人でこのベッドの製品化に向けて定期的にミーティングをしているところです。

司会　ベッドの製品化のプロセスも知りたいのですが、そもそもなぜチンパンジーとベッドが結びついたのか、全然知らなかった三人がなぜ出会ったのかがまず気になります。最初の出会いは、いつ、どこでだったんですか。

石川　ちょうど一年前ほど前に京都大学総合博物館で「ねむり展」という展示（注1）がありました。その背景として、京都大学のアフリカ地域研究資料センターの重田眞義先生がずっと眠りの研究をされていまして、睡眠文化研究会というNPO法人の活動もされていました。その重田先生が睡眠文化の展示を構想されたのが展示の二～三年前で、僕は工業製品以外に展示のデザインもしていましたので、たまたま重田先生に呼ばれて「こんなん考えてるんやけど」という話を伺って参加することになったんです。

まだそのときは何をやるか全く白紙の状態で、僕自身も「睡眠文化って何?」というレベルだったので、まず教えてくださいという感じで始まりました。一つ僕から提案したのは、睡眠にかかわるいろんな研究者がいるのなら、その先生方のセミナーみたいなものを月一回ぐらいのペースで行って、その中に僕も入れてもらえたらということでした。セミナーにはいろんな研究者が来られたのですが、その中に座馬さんがおられて「チンパンジーのベッド」をテーマに話をされたんです。

座馬　僕はそういったバックグラウンドは特には知りませんでしたが、重田先生とは同じ建物の同じ講座なので「ちょっと座馬さん、お話しませんか」と機会をいただいたんです。チンパンジーの睡眠研究に興味をもってくださる方はなかなかいないので、喜んでお話させていただいたのが私の発端でした。

岩田　私のほうは知り合いが睡眠文化研究会の事務局長をしていまして、その方から「京都大学と『ねむり展』を企画していて、同じ京都で寝具つくっているんだから何か手伝ってくれ」といわれていたんですね。それで座馬さんのお話を聞いたのが最初です。

チンパンジーのベッドは最高の寝心地?

司会　普通ならチンパンジー研究のお話がいくらおもしろくても「ほお、おもしろいね」で終わりそうなところですが、なぜ実際にベッドをつくることになったんですか。

座馬　僕がそのときの話の中に「こんなベッドがほしい」っていうスライドを入れたんですね。チンパンジーのベッドに寝て心地良かった経験とかチンパンジーのベッドの特徴的な構造をお話しした後に、最後にチンパンジーのベッドの寝心地の良さを箇条書きして、こんなベッドがほしいとバーンとお見せしたんです。

司会　その熱意にやられちゃったんですね。

石川　まあ、一言で言えばそうですね。ただ、僕は正直、人間のベッドのほうがええやろうと思っていました（笑）。

岩田　実は私も。座馬さんは「僕の生涯で寝たベッドの中で、チンパンジーのベッドが最高の寝心地だった」とおっしゃるけど、うちがつくったベッドのほうがいいに違いないと思っていたんです。

座馬　僕も「お前、今までどんなベッドに寝てきたんだ」と言われました（笑）。

石川　一番僕が心打たれたのは、座馬さんが「自分の布団で人類進化ベッドみたいなものをつくってみたけど寝にくかった」と言っておられたことです。単純に布団を丸めて、ふわふわの状態にしてちょっとくぼみをつくって寝ころんでみたけど、ちょっと気持ち悪かったとか。そりゃ、気持ち悪いやろって思った（笑）。

　それで、僕も一応大学で学生たちと段ボールでできる模型をつくったりしていたんで、そこで余った段ボールを斜交《はすか》いに切って饅頭みたいな形につくってみた実寸大のものを研究室にもっていってあげたんです。そしたら「気持ちいい」と。

座馬　段ボールなので、のるときに体重をうまくかけないと壊れてしまいそうな感じでしたが、ちゃんと揺れが再現されていて寝心地もなかなか良かったですね。

石川　僕としては、これを一〇個ぐらいつくって子どもたちに寝て楽しんでもらえればいいかなと、展示の一つのネタ程度に考えてたので、まさか、これが本当の家具になっていくとは、そのときは想像もしていませんでした。

岩田　私も拝見しましたけど「これを展示する」とおっしゃったんで、段ボールではあまりにみすぼらしいというか、寝具をつくっている者としてはいたたまれなくなってお手伝いしましょうかという話になりました。

司会　展示が目前に控えていたことも進展の大きな要因だったようですね。

石川　そうですね。展示は「眠れるものの文化誌」というテーマだったので、チンパンジーのベッドだけではなく、みんぱく（国立民族学博物館）のほうからも世界の寝具に関するいろんな収蔵品を借りることになっていました。でもそれだけではおもしろくないね、もっと新しいものを入れたほうがいいんじゃないかということで、岩田さんの会社やフランスベッドさん（フランスベッド株式会社）にも協力いただき、自動で動く介護ベッドなど、古いものと新しいものをコントラストで展示することを企画させてもらいました。

おもしろかったのは、多様な展示になっていく中で「展示のシンボルは何にする？」といったとき、みんな何となく「サルの勝ちやな」みたいな話になっていったんですね。人間の文化が生まれる以前の進化の過程でもベッドがつくられていたというのはやはり象徴的で、いつの間にか「人類進化ベッド」というネーミングまでついちゃっていた。

座馬　あれは僕がつけた名前ですが、どんどん企画に拍車がかかって岩田さんも巻き込まれていった感じでしたね。

岩田　座馬さんが人類進化ベッドで達成したい寝心地のイメージを明確にお持ちだったんですね。「こういう寝心地をつくりたい！」というのがはっきりしていたので、「じゃあ、どうやったら実現できるか」を、今度は石川さんと練ることになった。

石川　工業製品のデザインをするときには普通、おばちゃんから子どもまでユーザーの意見や、メーカーさんやバイヤーさんの希望を取り入れたりして考えていくので、一人の人の意見で進めるなんてありえへんわけですよ。だけどチンパンジーのベッドで寝た人は他にはいない。だから、座馬さんに聞くしか方法がなくて、逆にそれが良かったのは通常のプロセスをすっ飛ばして一人の人の要望をどう満たすかに徹せられたことで、そこは普通の開発ストーリーとは全然違うなと思いました。

司会　展示というタスクは達成されたわけですが、話はそこで終わらなかったわけですよね。この先はどうなるんですか。

岩田　私が感じていたのは、お二人の意見を聞きながら一緒に人類進化ベッドをつくっていく中で、ちょっとずつ思いが変わってきたことです。最初は展示品としてつくり始めたんだけど、次第にこのベッドは本当によく眠れるかなと思いながらつくるようになった。さらに「いや、待てよ。これはよく眠るためのベッドじゃなくてもいいんじゃないか。今まで良質な睡眠をとれるようにするためにはどうしたらいいかと思って寝具を開発してきたけれども、この人類進化ベッドは良質な睡眠を求めるだけじゃないところに価値があるんじゃないか」と思うようになった。それが人類進化ベッドを開発していく中での私のモチベーションになっていったところがあるんですね。

石川　僕もその気持ちがわかります。モノとか商品って「よく眠れる」とか「よく使える」とか、みんなプラスにしていくことばかり考えて生まれていくと思うんですけど、そうじゃない楽しみ、うまく言えないんですけど、もっと雑多な価値観があっていいんじゃないか。僕らはこんなに豊かな生活をしてるけど、案外、多様性がないのかもしれない。

座馬　よく眠れるというその一点のみを追求していくのではなくて「よく眠れる」プラス「楽しい」ということがすごく大事だと思うんですね。一緒につくっていて楽しいということもありますが、実際に石川さんと岩田さんがつくってくれたベッドに寝てみたら、本当に寝心地が良くて、しかもデザインも美しくてワクワクする。それは意図して向かった方向ではないけど「何だ？この変なものは！」と思わせる楽しいベッドになった。

石川　座馬さんの本（注2）を読んでいただくといいと思うんですが、僕らは寝床って与えてもらっているように思っているじゃないですか。でもチンパンジーは自ら寝床をつくるんです。それをある建築の先生は「建築の始まりかもしれないね」とおっしゃったくらいで、大袈裟かもしれないけど、そもそも寝床をつくるという行為自体が脳の活性化をもたらしているかもしれない。火をおこす行為などと同様、僕ら自身の進化の原点みたいな創造行為かもしれないと思うんです。例えば外敵から身を守るために木の上につくられるとか、クッション性を考えて枝が組まれているとか、チンパンジーの寝床の一つ一つの要素を今の技術に置き換えていくと、人間が生んだベッドは彼らの寝床をベースにした高度な技術であることをすごく感じました。

楕円形のベッドが生み出す不思議な力

司会　先ほど岩田さんが良質な睡眠だけじゃない価値に気づいたとおっしゃいましたが、そもそもそれに気づくことができたのはなぜでしょうか。

岩田　たぶん「ねむり展」のベースが睡眠文化研究会にあって、睡眠の科学的価値を追求するだけじゃなくて、文化的価値みたいなものを探っていたことが大きいように思います。それが重田先生たちがおっしゃっていた「睡眠文化」だと思うんですけど、そういう文化的価値の側面が人類進化ベッドにあるんじゃないかなということが腑に落ちてきた。

石川　岩田さんは以前、寝具に対する人びとの関心は大体眠れないのをなんとかしたいとかマイナスから始まっていて、それをゼロにすることばっかり考えてきたって話をされたんですね。でも、人類進化ベッドに関してはゼロから先というかプラスの可能性を感じると言われました。そのとき僕は、それって別に寝具に限らずいろんなものづくりにおいてトラウマと言いますか、確かに発想の根幹の部分でとらわれているところがあるんじゃないかと思いましたね。

岩田　寝具は構造的にも長方形で真っ直ぐでフラットなもの、という概念が頭に入ってますよね。楕円で真ん中がくぼんでいて寝返りすると揺れ、しかもベッドの縁が三六〇度全部枕になるベッドなんて寝具メーカーの商品開発のコンセプトからはぶっ飛んでいる。だけど、チンパンジーまでさかのぼるとそういう寝方や睡眠姿勢もあるかもしれないし、ベッドの構造もあり得るのかもしれない。チャレンジする価値があるという側面もあります。

座馬　ベッドをつくる生き物には、オランウータン、ゴリラ、ボノボ、チンパンジー、そして私たちヒトがいるんですが、最初にベッドをつくったのはそのご先祖様のプロコンスルという名前の生き物だったと考えられています。その子孫の中から、七〇〇〜八〇〇万年くらい前にヒトの祖先とチンパンジーの祖先が分かれたのですが、その後もヒトに至る系統では四〇〇万年くらい前まで木の上で寝ていただろうと言われています。その頃のヒトはもう二足歩行を始めていたんですが、それでも木の上で恐らくチンパンジーがつくっているような丸いベッドで寝ていた。それが数百万年ずっと続いてきたことを考えると、同じような寝床を現代の私たちが心地いいと感じるのもわかるような気がします。

岩田　スケールの大きい話ですが、四角い直線的な寝床にヒトが寝始めてからまだ数千年ですからね。

司会　お話を聞いていますと誰でもそのベッドに寝たくなると思いますが、販売は視野に入っていますか。

石川　はい。今まではチンパンジーの寝床の質を再現することばかりに集中していたんですが、売るとなると相手は人間ですから、きっちりとしながら、でも曖昧模糊とした良さも味わってほしい。その落としどころの前例がないので、目標設定とか予見からすべて三人で話し合いながら製品化に取り組んでいるところです。

岩田　今、第五次試作品のものが二台あります。

座馬　一台が岩田さんの三条堺町の店にありまして、もう一台は私の研究室のほうに置いてあります。この年末年始も私は人類進化ベッドで研究していました。ちなみに第一次というのは、私が家の布団を丸めてつくったものです。

石川　二次は僕が段ボールでつくったもので、三次は展示前に検証用でつくった一番シンプルな形のもの、四次が展示で使ったものですね。それをさらに改良して製品を目指した五次が現段階のものです。

座馬　私、実は夜だけじゃなくて昼間も使っているんですけれども、人類進化ベッドに腰掛けて仕事をするとやたらとはかどるんですよ。

岩田　疲れてきたらこのベッドにちょっと横になって目を閉じて休み、脳をリフレッシュさせてまた仕事に戻る。そういう使い方にもいいのかもしれないと思っています。

岩田有史 氏

石川　何で楕円形がいいのか、少し機能的な説明をさせてもらうと、みなさんベッドというと、長方形のものを思い浮かべると思います。それに枕や布団がつくわけですが、僕が「ああ、すごいアイデアだなあ」と思ったのは、人によって身長差があるじゃないですか。楕円だと、子どもは短手方向で使うとちょうど頭と足が枕にのるような感じのサイズで使えるんですよ。一方、大人の場合は長手方向に使ったらちょうどいい。その中間の人は斜めに使うとか、楕円形も意外に汎用性があるというような気づきはすごくおもしろかったですね。

そういうデザインの観点から道具として見ても、チンパンジーの寝床ってアバウトだけど、アバウトなだけではないなと感じるものがあって、そこは不思議な自然の力なのかなと思います。

岩田　チンパンジーにとっては楕円形がつくりやすかったけど、人間にとっては四角いほうがつくりやすかったと思うんですね。特に産業革命以降は。

石川　そうですね。直線のほうが図面は断然引きやすいですからね。利用を考えると無駄だらけですが。

座馬　チンパンジーのベッドづくりは、基本的に親から学んでいくんですね。教えるわけではないけれども、赤ちゃんは大体一歳ぐらいから親の真似をしてつくり始めます。でも力がまだ弱いので、枝がびよ〜んと跳ね返って全然つくれないんです。それを繰り返しながら五歳ぐらいからようやく自分でつくったベッドで寝ることができるようになる。

石川　何個つくるんでしたっけ。

座馬　チンパンジーは四〇〜五〇歳まで生きるので、一生のうちに一万個以上つくります。

岩田　完全なるベッド職人ですね。

司会　実際にそのベッドの感触を伝えるのは難しいと思うんですが、どのように説明されたんですか。

座馬　確かにものすごく難しかったですね。ただ揺れると言っても揺れには気持ちいい揺れと悪い揺れがありますよね。心地良さを言葉にするのは難しい。

石川　結局、見よう見まねですね。多分こんな感じかなというものをダンボールでつくったり、一〇分の一とか五分の一サイズのモデルを僕のほうでつくって、ビデオをもってきて撮影しつつ、多分一〇センチぐらい揺れているかなと言われると、じゃこれぐらいのアールでどうですかと、そういうキャッチボールを繰り返していく。

座馬　柔らかさについても、スポンジのように柔らかいわけではないのですが、固いかというと固くもない。固くもなく柔らかくもなく、でも固くもあり柔らかくもある。また、生《なま》の木の枝なので、固い木材とは違うしなやかさがある。しかも太い枝と細かい枝が組まれていて、言葉にできなくてもどかしいバランスがある。

岩田　こういう話を伺いながらつくっていくんです（笑）。

座馬　試作のベッドを前に、いろいろと細かい話をやりとりしながら、時々脱線してチンパンジーの別の話になったりしました。

石川　チンパンジーのこともずいぶん詳しくなりましたよ。チンパンジーの映像を見ていたら、僕みたいなしぐさがあったりして、やっぱり人間の親戚だなと思いますね。

みんながデザイナーであり、経営者であり、研究者であり。

司会　座馬さんにお聞きしたいのですが、普通にチンパンジーの研究をして学会発表をしたり論文や本を書いたりしていたら、いろんな人と協働する機会もなかったし、おそらくここにも座っておられないと思います。ここまで一緒にやってこられてどうですか。

座馬　本当に幸せだと思っています。一番最初に私が布団を丸めてベッドをつくってみたのが、二〇〇八年の夏だったと思います。暑い夜で、どうしたらこの寝苦しい夜を過ごせるんだろうと思ったときに、チンパンジーのベッドを思い出して布団を丸めてみたんですね。そのときから気持ち良く寝たいという欲求は強くあったんですけれども、なにせ私はただチンパンジーを観察しているだけの人間なので、ベッドをつくる技術もなければ知識もない。それが睡眠文化研究会でお話させていただく機会を得て、そこでデザイナーと寝具メーカーのお二人をはじめ、いろんな分野の方々と出会い、くすぶっていたものに火をつけてくださった。

司会　それは意外な展開です。私たちが勝手にイメージしていた開発ストーリーは、座馬さんのチンパンジーの話を聞いた人が製品化のアイデアをもって座馬さんを引き込んだのかなと思っていたんですが。

岩田　逆ですね。座馬さんの思いに僕ら二人が動かされたという感じです。

石川　僕たちの本当によかったところは、みんながデザイナーであり、みんなが経営者であり、みんなが研究者でもあるところ。一応立場はそれぞれあるんですけど、境界はけっこう曖昧だと思います。

司会　プロジェクトの理想としてありがちなのは、まずビジョンやターゲットをたて、それに向けてみんなで分業してがんばってできた、というような計画書ありきのやり方ですけれども、全然それにはのっっていないですね。

岩田　そうですね。普通のプロセスとは全然違います。

座馬　プロセスにおいて僕は寝心地を伝えることしかできないんですね。そうすると石川さんが「こんなデザインはどうだ」、岩田さんが「こういう素材はどうだ」と提案してくれるので、「そういうものがあるんだ」と驚きつつ、またみんなでわいわいと意見を交わす。そのプロセスを楽しみながら、次に発展させていく。そのような流れですね。

司会　「みんながデザイナーで、みんなが研究者で、みんなが経営者」とおっしゃった経験は、それぞれの本来のお仕事のほうにもフィードバックされていたりしますか。

石川　それはこのプロジェクトに限らず、日々の仕事でもそういうところはある。僕はいろいろ興味をも

座馬耕一郎 氏

って入り込んじゃうほうなので、他のデザイナー仲間から変わっていると言われたりしますし、他のお二人も一緒やと思います。岩田さんは経営者ですけど、睡眠の科学的な研究もされていて本も出されている（注3）。デザイナーの知り合いも多く、ご自身もそういう素養があってデザインセンスに長けていて、いろいろ研究熱心だった。それは座馬さんも同じでしょう。

座馬　実際、研究に返ってくることもあります。先ほど石川さんもおっしゃっていましたが、「どのぐらい揺れるの」と聞かれて「あっ、その発想で研究したらどうかな」と、チンパンジーのベッドの揺れをアイデアに研究テーマを組みましたし、実は次の課題も石川さんに与えられています。「チンパンジーの睡眠空間として周囲はどうなっているのかもちゃんと調べたらどうですか」と言っていただいて、あっ、なるほどと。

石川　僕が興味があるから聞くだけなんですけど。

座馬　岩田さんも睡眠というものは夜だけのものではなく朝起きたときから始まっているとおっしゃっているので、睡眠というものを昼夜通してトータルで、一日のリズムの中で見るといった視野に立って研究を進めていこうという気になったり。

司会　本業が進んだら、また人類進化ベッドにフィードバックされることもあるかもしれないですね。

ベッドを通じた「未知との遭遇」

司会　お話を聞いていると、互いに信頼関係が築けているからこそできているところもありますね。つまり、いいチームだった。

岩田　そうですね。それはやっぱり見えない部分があったから。見えないというのは、領域や分担がはっきり決まってないから、互いにやらなくてはいけないと思っているということだと思うんですね。普通のパターンでここはデザイナー、ここは研究者、と決めちゃうとその間を埋める人が結構苦労するんですけど、それが最初から未知のものへの挑戦と言いますか、これからどうしていくかはすべて決めていかなければいけないので、それはもう三人でいろいろ考える。当然だぶってきたりはしますけど、全員が考えていかなあかんという状況がいいなのかなと思います。

石川　とにかくやっていて楽しいですよね。次の試作ができてくるとなると、みんなワクワクしているんですよ。子どもがプラモデルを囲んで喜々としているというような状態になる。そんな楽しい作業を通してお互いの信頼感がますます増してきたところがあるんじゃないかな。

岩田　みなさんの経験の蓄積がポンポン出てくると、それが本当にすごすぎるというか、尊敬するしかないという思いを抱いた。それが本当に勉強になりますし刺激になりますね。座馬さんのお話をもとにして「あっ、石川さんはこういうデザインで来たか」みたいな驚きも楽しくて。

座馬　まったく異ジャンルのエキスパートの人の話を聞く機会があるというのは、僕も本当にありがたいことで勉強になっています。

司会　このプロジェクトが始まってから、みなさん以外に途中で巻き込まれた人もいれば巻き込まれなかった人もいると思うんですが、その差ってなんだろうと思いますか。

石川　基本的にみんな巻き込まれているかなという気がしますね。あまり嫌と言われた記憶はないです。ベッドは今、北海道でつくっていますし。

司会　えっ？　京都でつくっているのではないんですか。

岩田　布団はうちの工場でつくるんですが、木部は家具工房でつくってもらうんです。それも知り合いの家具メーカーに話をもちかけたんですが、すぐに参加させてほしいと言われてどんどん周りを巻き込んでいっています。他にもビンテージ家具をデンマークから輸入している人がアドバイスにきてくれたり、いろんな方がかんでくれています。

石川　つてを介して障害者の人に意見を聞き、介護ベッドより寝やすいと言われたりしたこともすごく嬉しい反応でした。

座馬 僕の研究室のほうでも大学院生に意見を聞いたり、いろんな国からの留学生の方に寝ていただいたり、いろんな人を巻き込んでいます。

司会 それぞれが巻き込み上手ってことなんですかね。

座馬 このトークは「つなぐ」というテーマですが、このプロジェクトについての僕のイメージは、つながろうとしてつながっているわけではなくて、楽しんでいたらいつのまにかつながっていたという感じ。

石川 実は僕も座馬さんに付き合っていたつもりが、いつのまにか心のどこかに新しいものをつくりたいとか、寝てみたいとかいう欲求がわいていて、もはや客観的な立場でつくっていないような気がします。最近チンパンジーがかわいくなってきていますからね。

司会 きっと人を引き寄せるお題をたてられたのが良かったんですね。

岩田 それは座馬さんにたてていただいたわけですが、なかなかこんなおもしろいテーマはないですよ。

座馬 未知との遭遇が起きた、みたいな。

司会 未知との遭遇。それを楽しめる人たちであるということも大きいのかな。

岩田 そうですね。好奇心があることが大事ですね。この人類進化ベッドを見た——京都大学の展示で見たとか、テレビで見たとか、新聞で見たと言って、いろんな方から問い合わせがきました。それも中学生から七〇歳ぐらいの方まで年齢も関心の理由も千差万別で、そういう面でも未知との遭遇です。

石川 もしみなさんが人類進化ベッドに寝たいと思われたら、岩田さんのところでぜひ体験してほしい。そしてその体験を僕らにフィードバックというか、こうなればいいという意見を返していただいて、どんどん進化させていけたらいいなと思います。

司会　また新しい価値が生まれるかもしれないですね。ありがとうございました。

注

注1：「ねむり展」
　正式名称は京都大学総合博物館 平成二八年度特別展「ねむり展――眠れるものの文化誌――」。睡眠文化の多様性と進化について、学際的かつ文理融合的視点から迫る展示が行われた。会期・二〇一六年四月六日～六月二六日。

注2：『チンパンジーは365日ベッドを作る』
　二〇一六年三月にポプラ社より出版。座馬耕一郎著。

注3：『なぜ一流の人はみな「眠り」にこだわるのか』
　二〇一五年九月にすばる舎より出版。岩田アリチカ著。ほかに『疲れないカラダを手に入れる快眠のコツ』（日本文芸社 二〇一三）など。

現場の枠を飛び越える
実践と政策のつなぎ方

対談者　相川高信（自然エネルギー財団 上級研究員）
吉澤 剛（大阪大学大学院医学系研究科 准教授）

司　会　水町衣里（大阪大学COデザインセンター 特任助教）

研究と実践、実践と政策――社会をより豊かにするために、それらが切り離せない関係にあることは誰も疑いようのないところでしょう。しかし、その間でコミュニケーションを図り、利害関係を超えてより良い方向へと事業を推進していくのは、一筋縄ではいかない部分もあるはずです。民間組織と大学、林業やバイオマスエネルギーと科学技術、という異なる立場や分野に身を置く二人の研究者が、それぞれ「実践の現場」と「政策・学術の現場」を行き来しながら考えてこられたのは、現場の枠をいかに飛び越え、つなぐかということ。その極意と課題を探ります。

対談者プロフィール

相川高信［あいかわ たかのぶ］

京都大学大学院農学研究科修士課程修了（森林生態学）。三菱UFJリサーチ&コンサルティング株式会社を経て、2016年6月から現職。2016年3月に北海道大学大学院農学研究院より、森林政策学の分野で博士（農学）を取得。自然科学と社会科学、利用と保全、現場と学術の間に身を置き、統合化を意識し、政策研究・提言を行っている。著書に『木質バイオマス事業　林業地域が成功する条件とは何か』（全林協 2014）など。

吉澤 剛［よしざわ ごう］

慶應義塾大学理工学部物理学科卒業後、東京大学大学院（科学史）修了。民間シンクタンク勤務を経て、2008年に英国サセックス大学科学政策研究ユニット（SPRU）にてPhD（科学技術政策）を取得。テクノロジーアセスメントや知識政策を専門とし、知識を社会的・公共的価値につなげる方法論やマネジメント、制度の研究と実践に広く携わっている。

司会　今回は、現場と政策をつなぐことを考えておられるお二人をお呼びしました。実は相川さんは私と同じ大学の同じ研究室の出身です。相川さんは一年上の先輩で、もともと森林の研究をされていたんですが、その後シンクタンクにお勤めになりました。このＳＴｉＰＳ（注１）のプログラムが目指す「つなぐ人材」を考えたとき、まず頭に浮かんだ方の一人が相川さんでした。まずは相川さんから、これまでやってこられたことを少しご紹介くださいますか。

相川　私は京都大学の農学部で森林生態学といって、木はどういうふうに生きているんだろうとか、土と木はどういう関係性をもってシステムとして森が維持されているのかといったことを、修士課程まで研究しておりました。それはいわゆる自然科学ですけど、森林を扱っていると、木を切ることはいいことなのか悪いことなのかといった問題が常にあるわけで、「利用」と「保全」という相反するものをどう両立させていくのかなど、社会の仕組みや政策に興味をもって研究するようになりました。一方で、今日のタイトルにある「実践」にかかわるようなことは、むしろ社会に出てから学んだというのが実際だったと思います。

司会　現在の自然エネルギー財団には近年移られたんですね。

相川　はい。二〇一六年に転職しましたが、それまでの一二年間は民間のシンクタンク（注２）にいました。そこでの仕事は基本的に官公庁からの委託を受けてクライアントのために調査・研究することでしたので、今はより独立した視点で何ができるのかというところに立場を移しているということになります。具体的には自然エネルギーの中でも、森林とか林業のつながりを生かして仕事をしていまして、木質のバイオマスエネルギー、単純に言うと木を燃やしてエネルギーをとるという、人類が昔からやってきた営みにかかわる調査や研究をしてきました。いずれにせよ、現場とある種のアカデミックな世界の間に身を置いてやってきたといえるかと思います。

実は今日「つなぐ」というキーワードが出ていますけれども、私の仕事のアウトプットの仕方にもいくつかあって、報告書のような形だけでなく、いろんな人と会って話をつなぐのも重要な仕事の一つです。実際、林業の現場に行っておっちゃんたちと話をしてお互いに状況を把握することも必要でしょうし、いろんなプロジェクトを立ち上げていこうとすると、現場のいろんな方を巻き込んでやっていく必要性も出てきます。

司会　一方の吉澤さんもエネルギー政策などについて考えてこられましたね。

吉澤　ええ。もともと私は科学技術政策という分野で修士、博士を取得しました。今は大阪大学の医学系研究科にいますけれども、医学部でエネルギー政策を研究しているのは私ぐらいかな。そこがちょっとだけ自慢です（笑）。

ここでちょっと中世の絵をお見せします（写真1）。これはブリューゲルが描いたと言われている「イカロスの墜落のある風景」という作品です。イカロスはご存じのようにギリシャ神話に出てくる人物で、父親のダイダロスと一緒に蝋で固めた羽で牢屋から脱出しますが、父親から禁じられていたにもかかわらず、自由に飛べることがうれしくて太陽に近づいたためにその熱にやられて地面に落ちたということで、この絵は人間の欲深さ、あるいは技術の負の側面を語っています。そんな主題を描きながら、イカロスを隅に小さく描いているというのはブリューゲルなりの何かメッセージだと思いますが、ここで私が言いたいのは、こういう絵の心をどう見るかということです。イカロスが落ちた場所にもちゃんと目を配れるか。あ

写真１：「イカロスの墜落のある風景」伝ピーテル・ブリューゲル作、1556-1558 年頃。ベルギー王立美術館、Bridgeman Images。

るいはそもそもイカロスが太陽に行かないようにするにはどうしたらいいかを考えようとできるか。それを例えば地震や原子力の災害に置き換えてみるといろいろ考えられると思うんです。

もう一つ自分のやっていることをお話しますと、自分の原点として「三つ部《みつぶ》」(注3)という活動があります。これは任意団体として結成して一〇年ぐらいになるもので、「つくる、つながる、つかう」をキーワードに、場をつくること、そこで人がつながること、そこからの知識をつかうことを目指していろんな活動を行っています。中でも一番大事にしているのは「つかう」ところです。場を「つくる」、そこで人が「つながる」ところまでは理解しやすいし、たぶん誰でもやるんですけれども、得られた知識をどう「つかう」のかというところは結構難しいので、自分の現場でもつかえるものを何かもち帰ってもらうことを心がけています。

司会　具体的な活動としてはどんなことをされているんですか。

吉澤　研究者と社会起業家、研究者と研究支援者、科学と芸術などをつなげることなどです。一番おもしろかったのは仏教とサイエンスをつなぐ活動で、科学はその発展の歴史としてキリスト教と親和性が非常にあるんですが、さすがに仏教とはないだろうと思ったら、実は昔のお坊さんというのは全国行脚して知識を伝播していたんですね。仏教はある種のサイエンスとして、当時の地元の人びとに受け入れられていたんです。それで「ボーズ・ミーツ・カガク」というちょっとふざけたタイトルですが、現役のお坊さん方といたって真面目な対話も試みています。

「同床異夢」の大切さ

相川　お話を伺っていますと、吉澤さんは参加者に対しても何らかの還元を意識されているように思いました。具体的な方法論としてはどういうやり方があるんですか。

吉澤　私がかかわっている一つの例として、滋賀県長浜市の「ながはま0次予防コホート事業」（注4）という疫学事業があります。それは五年に一度、市民の中から一万人の医療情報や健康情報をいただいてそれを医学研究に役立てようというもので、実際の研究をやっているのは京都大学です。この事業は「みなさんの健康やその増進に直接的には役に立ちません。得られた研究成果も直接的にお返しするのではなくて、長期的な視野に立って長浜市や日本、ひいては世界の人びとの健康づくりに寄与していくものです。それでもよければ参加してください」という呼びかけに対して一般市民の方々がこぞって協力してくださって、さらにその中のコアな方々はこの事業のためのＮＰＯまで結成されています。

基礎研究のような直接自分に還元されないことにどう参加協力していただくかは非常に難しいんですが、自分には役に立たなくても子孫に役に立つならやってみると言われることも多いので、そういったやり方が一番大事かなと思います。

逆に相川さんが取り組まれているエネルギー問題は、利害関係がわりとはっきりしていて、最初からすんなり現場に入っていけないところがあると思うんです。所属する組織を代表してかかわらざるを得ないところから入っていく。現地に出かけていっても、いきなり膝をつき合わせて話し合えるかというと、やっぱり「どこから来たんや」みたいな感じで「この人は何をするのか」「国の政策に何をしてくれるのか」といった距離があると思うんですけれども、そのあたりの相手への声の届かせ方といいますか、心の壁の崩し方というのはどういうことに気をつけていらっしゃるんですか。

相川　それは核心に近い話だと思いますが、私の経験においてつなぐ仕事ができる、あるいはその可能性があると感じるのは両方の言葉がわかる――つまり政策関係者の言葉も現場の人たちが言っていることもわかるときなんですね。世の中には現実には聞こえていない声が聞こえるという人がいらっしゃると思うんですが（笑）、聞こえてしまうその声を誰かに伝えたい、つなげたいという自分の中の思いに気がついたということがあります。

そうした中で大事にしていることは、人はそれぞれの立場や枠組みの中で何か幸せや良いと思うことを求めているので、それは否定せずに共通項を見出すということです。シンクタンクの仕事、現場の仕事にかかわらず腹立たしい場面ってたくさんありますよね。それでもメタなレベルでの解決法を提示したり、話し合いをしたりすればわかってもらえるんじゃないか。基本的に性善説の立場でやってきているつもりではあります。

吉澤　つなぐ人は目立っちゃいけないところがありますし、例えば翻訳者が勝手に意訳したらいけないというのと同じようなところもあると思うんです。それぞれの価値観が違えば違うなりにそれにきちんと向き合い、互いに尊重しながら一つの目的に向かって進めていかないといけないわけですよね。そのときにお互いが共通の使命をもっていると足並みが揃いやすいので、私も何のためにつなぐのかというところを意識したい。

相川　逆に共通項をどこに置くかは、ある種テクニカルなところがあると思うんですね。人間の合理性を信じるという意味で、いわゆるリベラルな方は多いと思いますが、例えばエネルギーの問題に関して自然エネルギーをどんどん進めるべきだという人と、やっぱり原発が必要だという人を政治的に一つにまとめて判断するのは難しい。福島を見た後にはやはり自然エネルギーがいいという人が増えますが、かつては逆に原子力という科学に合理性を見出した人たちもいたはずです。

私がつき合っている農業や林業に携わる田舎のおっちゃんたちって、政治的な信条としてはバリバリ保守的なんですよ。たぶん投票行動は私とはほとんど一致しない。でも合意できることはあります。農業の人なら農作物をよく売りたいし、林業の人なら木を高く売って、そこから出てくる木クズもエネルギーとして利用できれば、それはそれでいいんです。あえてそこで合意をつくっていくわけですけれども「彼は別の政党の支持者だから話ができない」とはしない。基本的に相手を否定しないのが大事かと思います。

吉澤　ある種の同床異夢みたいな部分が大事だということですね。地域レベルだとそれぞれの利害が直接ぶつからないですむこともあると思いますが、政策になると「同床異夢の罠」という言い方もあるように、地方の話から一段上がって国全体で見たときの難しさがあると思うんです。

相川　それはまさにあります。ある種、最大効率的に進めようと思えば、非常に大きな太陽光発電や風力発電にどんどんかえていけばいいという考え方もあります。逆に小規模でも手作りでも地域の人が参加してコミュニティベースでやるべきだという人もいます。それはエネルギー問題に限らず、また好むと好まざるとにかかわらず、すべての現代社会の問題において常にせめぎ合いがある。それはすごくデリケートで気をつけないといけない問題だと思っています。特に今、いろんな意味で分断がすごくこわいというか、気をつけないといけないと思っていますので。

日本流の「つなぐための技」

相川　吉澤さんはイギリスにもおられましたね。政策と科学との関係を比較して、日本とは違うなあと思っておられることがあれば、ぜひお聞きしたいです。

吉澤　一つは、向こうは政策のつくり方においていろんなチャンネルをもっているということですね。もちろん日本にもシンクタンクがありますけれども、正式なチャンネルとして省庁に打ち入って政策につながっているかといえば、ある種の「窓」が開いたときしか入れない、難しいところがあります。ところがイギリスや特にアメリカには民間のシンクタンクもあれば財団や市民団体などもあって、それらがいろんな形で政策に打ち入ってくる。それをもとに時の政権がいかに判断しているかというのも見えやすい。逆に日本はそもそもチャンネルがほとんどないことに加えて打ち入っていても見えないし、物事の決定においてもどういうふうにして決まったのかがわからない。新聞報道などメディアに左右されて政策が決まってしまうことだってありますよね。

例えば世界市民会議（注5）という取り組みがあります。二〇〇九年に開催された第一回は地球温暖化の問題がテーマでした。いろいろな国で一〇〇人の市民が集まってそれぞれ同じテーマ、同じ形式で一斉に議論したんですが、日本からの提言として一番得票数が高かったのは「地球はいま風邪をひいています。あと二度温度を下げないと地球はすごく熱くなってしまいます」というような文言だったんですけれども、それを政策提言としてどう思いますか。

相川　それは果たして提言なのかと単純に思ってしまいましたけれども、擬人化するという発想もほかの国においてはあまりなさそうですよね。

吉澤　確かに擬人化はほかではないですね。あと、それが政策提言かという疑問もまさにおっしゃるとおりで、具体的なメッセージがない。ほかの国は、例えば環境税を設けるべきだとか、地球の二酸化炭素濃度を何ｐｐｍまで下げるべきだとか、問題を解決するために基金を設置すべきだとか、かなり具体的な文言が並んでいるんですけれども、日本の場合それがなかったのは問題だと思います。

日本で「議論してください」と言うと、どうしても最初は空気の読みあいになるんです。そこであまりとがったことを言うとほかの人から賛同されないかもしれないということでだんだん角が取れた話になっていく。それは非常に耳障りはいいけれども、実質何も言ってないという話にもなりかねない。結局、日本はもっとはっきりと自分個人の意見を表明する機会とか場を設けるべきだと思いましたね。

司会　吉澤さんの「三つ部」のお話にしても、相川さんの共通項を見つけるというお話にしても、そこにはつなぐための技があるように思います。それはどんなところでしょうか。

吉澤　一番簡単なことは、使ってもらう人に企画の最初からかかわってもらうこと。つなぐ人って、自分たちだけで場をつくると思われがちですけれども、そうではありません。僕もそうですが、自分が場をつくるというより、やりたいという人がいたときにじゃあ一緒につくってみましょうかという程度で始めることが多いですね。

相川　私も似ていますね。例えば何か政策提言なり本なり一般に公開されることを前提に文章を書くときに気をつけているのは、ある特定の人だけが読んでおもしろいというものは、逆に使われないものだということ。別に人気作品を書いているわけではないけれども、おもしろいものは絶対誰が読んでもおもしろいと思っているところがあります。その一方でちょっと矛盾しているんですが、例えば政策担当者にはこう読めるというラインと、現場の人にはこう読んでもらいたいなというラインをあえて錯綜させているところもあります。実権を握っている政策担当者一人だけをターゲットにするのであれば、別に文章の形で出版する必要はたぶんないんです。出版する意味は、公に読ませるものでありながら実は特定の人を念頭に置いて書くというところで、何かちょっと矛盾したことをしているとは思いますが。

相川高信 氏

吉澤　よくわかります。みんなに納得して読んでもらえるレポートって実はつまんないですよね。いろんな人の意見がそこに入っていて、その八割ぐらいは納得するけれど二割は納得いかないと思うぐらいのレポートが、落としどころとしては一番いいのかなと。

相川　アカデミックな論文だろうと、インターネットに書くようなコラムであろうと、なるべく間口は広く取りたい、多くの人にまず読んでもらいたいですよね。しかも少し何か心に残るものがあって、明日からこうしてみたいとか、ちょっとその人の生き方に影響を与えるようなものってあると思うんです。つまり間口は広く、かつちょっとスパイスも効かせつつ、皮肉も入れつつ、自分たちも実際にやってみようかなという思いも抱かせる、そんなものが書けるといいなと思っているんです。

何のためにつなぐのか

司会　お二人ともいろんな組織や分野の間に立って、あっちの話も聞きつつ、こっちにものを言うというような、言ったり来たりする仕事の仕方をされていると思いますが、そのとき自分の立場をどのあたりに置くか。それが難しくて重要なポイントかと思います。上から目線でも上目遣いでもだめだし、どういうところに注意して自分の立ち位置をとっていらっしゃるんですか。

吉澤剛 氏

吉澤　一つ失敗談をしますと、子宮頸がんを予防するワクチンが開発されたとき、いろんな研究者を回って意見を聞き、その社会的な影響をレポートにしたことがありました。その中で一人、推進派だった方に非常に警戒されて「君はそもそも何者なんだ」と聞かれていろいろ問答の末、結局レポートには名前を出さないでほしいと言われて削ったんです。その方は非常に高名な方だったので、そのお墨付きがないと報告書として成り立たないと思って最終的に報告書を提出せずに終わってしまったんですが、その後にご存知のようにワクチンの副作用の問題が起こったので、やはりあのとき出しときゃよかったと思いました。そんなふうに今も悔いたり悩んだりすることはあります。そういったときに自分は何者だと言えばよいのか。「独立不偏です」って言うのは簡単ですけど、じゃあ利害関係をもってらっしゃる方、強い思いをもって賛成だとか反対だとか言われる方を目の前にして、本当にそれが言えるかというと、実は私もちょっと自信がないです。

相川　私の場合、そこまで自分の立場を明らかにすることを求められたことはあまりないんですが、民間のシンクタンクにいたときには国と喧嘩はできなかったですね。喩えるとお客さんを怒らせずにいかに薬を飲ませるかということに腐心していたのが実態です。今は少し立場が自由になったので、何ができるかいろいろ試してみたいと思っているところですけれども、あえて格好よく言わせていただくと、私は常に後世の評価みたいなのを実は気にしていて……。結局エネルギー問題についても、みなさんそれぞれいろんな立場があって、それはそれで全然かまわないんですけど、少なくとも震災という契機によって日本全体でこの問題についていろいろ考えるようになったことは確かでしょう。それを子どもたちから「お父さんの世代って結局何もしなかったんだね」と言われちゃうのは嫌なんです。そこはモチベーションとして自分の背後に大きな力を感じるところです。

吉澤　そうですね。私もつなぐ仕事を考えたときキーポイントは二つあって、一つは私利私欲をもたないということ。仕事というものは何か目的があってやるわけですが、その目的に「自分のため」ということが少しでも入り込むと、まず相手に信用されません。もう一つは社交界の人にならないこと。例えば学会

の懇親会とかさまざまなところで「君と彼が一緒に仕事したらおもしろいんじゃないか」などとマッチングさせることに活躍される方がいますね。そういう人は表面的には非常にエレガントで相手をよく見ていらっしゃるけれど、実はつなげたことに対する対価をどこかに求めているところがある。

司会　お話を聞いていて「じゃあ何のためにつなぐのか」をお伺いしたくなりました。相川さんからは後世のために、という言葉も出ていましたが。

吉澤　東日本大震災の被災地でよく耳にしたのは「アンケート公害」、「調査公害」といわれることでした。ようするに被災者の方々に健康状態はどうですかとか、何か困っていることはないですか、将来どうしたいですかといったアンケートをもって全国の大学から研究者が行ったわけです。でもそれを毎日毎日されると、被災地の方が非常に疲弊してしまう。結局、一番人間ができてないのは学者と政治家とジャーナリストだと、三点セットで言われることになる。研究者は社会的な責任を感じてやっているわけですが、はたしてそれが相手の立場に立ってできているか、かなり独善的ではないかというところがあります。

そういう中で考えることは、自分が責任をもって何かしてやるとか未来をつくってやるといった態度ではなく、いつのまにか困っている人に共感していて、その中で私にも何か役に立てることはありませんかとか、一緒にやっていきましょうといった態度が大事なんじゃないでしょうか。つまりベクトルがたぶん違うんですよね。

司会　苦しいことや大変なこともある中で、楽しいことはありますか。

相川　私はレポートを書くとき、世の中にこんなのがあったらいいのになと思うことを書いているつもりです。私が学生の頃は「林業なんてどうせだめだよ」と言う教授がいたぐらいだったんですけど、その後、社会人になってから、日本の林業に関して経済界をはじめ、わりと社会的な注目が集まった時期があったんですね。いろんな人から「どうして日本の林業ってだめなんですか」「どうにかならないんですか」というような質問を受けたわけです。そのときに「じゃあ、これでも読んでください」と渡せるようなものがあればいいなと思って自分で書いてみたところ、それがわりと重宝がられて、書くことの快感を覚えたみたいなことがありますね。

ニーズをつかむこと、ニーズをつくること

相川　つくづく感じるのは、世の中のニーズって本当に難しいですね。常にニーズを追っていくと、社会への迎合というある種の危険性もありますし、一方で自分のやりたいことだけをやっていると自己満足の世界に陥って社会性がなくなります。そのバランスをどうとっていくのか。みなさんどういう感じで折り合いをつけているんでしょうね。

吉澤　大学の話にひきつけると、何がニーズなのかを考えると同時にニーズをつくりだすのがこれからの大学の我々の仕事なのかな。何がニーズなのかがわかれば、それはきっともう誰かがやっていることなんです。

そういう意味で、ただ困っているところへ出かけて行ってつなぐというだけではなく、自分でもまだよく見えないものを探して、それに向かってつないでいくことが結構大事なのかなと思います。具体的に言うと、我々のいる大学というところはなかなか変われない組織で、これを今後どうしていくかが非常に難しいんです。

今、「大学1.5」(注6)というコンセプトで大学と島根の地域の内外をつなごうとしているんですけれども、いろんな人をつなぐために具体的にどうするかといったとき、問題は大学の枠を越えられないことです。それを越えてそもそも何が問題か。大学として何が必要とされているのか。それを考えていくことは本当に難しいです。

相川　各都道府県には、地域の大学のほかに工業技術センターのような研究機関が必ずありますね。そういう機関と一緒に環境エネルギー分野の産業のクラスターをつくる研究会をしたいという相談を受けて私もちょっとアドバイスしたりしているので、そのテーマにはすごく関心があります。林業とか地域のエネルギーの話は、非常にローカルな話になっていきますから。

そういう中で今日のようにみなさんと考える場をつくることはとても大事なことですし、そのニーズもたくさんあるんですけれども、場をつくったから何かがすぐに生まれるかというと、問題はそれほど単純ではない。申し上げているのは、現在進行形のプロジェクトや事象に寄り添って、出てくる課題をどう解決していくかという具体的な話の重要性です。

今、社会で何が起きているかということをきちんとモニタリングできていない場合も多いですし、そこからの課題の抽出もできていない。もちろんシーズがあることは大事なんですけれども、科学の調査なり研究の最初の部分がどこまできちんとできているんだろうかという不安をすごく感じます。

吉澤　何十年も前に書かれたシンクタンクのレポートが非常に役に立ったりすることは今でもありますが、それがいろんなところに散在してちゃんと蓄積されていなかったり、調査前に先行研究をあたって流れを俯瞰するということを大学もシンクタンクもまずやらなくなってしまっている現状がありますね。それは人力じゃ確認するのが不可能なぐらいに情報が溢れてしまって追いつかなくなっているという部分もありますし、社会的な要請として「悠長にレポートを書くな」ということで、一年も二年もかけて書くレポートが少なくなっていることもあるかもしれない。今までは頭の優れた方が頭の中で知識や情報を整理して全体を俯瞰し「こうだ」と言えたんですけれども、社会としての知識や情報の蓄積にある種の破綻がきてしまって、それができてないんじゃないかな。

相川　どのようにして未来の課題を見つけるかに関しては、我々の世代は何かレポートを書いて残せばつながると信じているところがまだあるんですけど、それはすでに時代遅れで、若い人たちはもっとフィジカルなレベルでのつながりを求めているような印象を個人的にはもっています。実際、我々より若い世代の人のほうがはるかにイベントを企画したりするのは上手ですよね。そのへんはいかがですか。

吉澤　おっしゃるとおりで、先日も島根大学でのワークショップスキル入門に参加した学生とその後の懇親会でいろんな話をする機会があり、「何でこういう場をつくって人をつなぐようなアプローチに関心をもったの？」と聞いたら「実は自分は中学時代に荒れていたんだけど、高校で恩師に出会って人とのつながりの大事さを学びました」と何のてらいもなく、さらっと言うんです。それが私の世代とは全く違っていて非常にびっくりしました。最近、若手を育てたいとか育って欲しいというよりは若手の邪魔をしないようにするのが大事ではないかと本当に心から思うようになってきました。

司会　最後はなんだか縁側でお茶を飲みながら交わすおじいちゃんトークになってきましたが、これまでとはまた違ったつなぐ像が見られたように思います。ありがとうございました。

注

注1：STiPS＝「公共圏における科学技術・教育研究拠点」
大阪大学と京都大学の連携による人材育成プログラム。詳細は間奏の注8を参照。

注2：シンクタンク【think tank】
政策の立案や提言を主業務とする研究機関。

注3：三つ部
「つくる、つながる、つかう」という三つの「つ」を合言葉に、企業や大学、NPOなどの組織において、科学技術が関わる社会的な問題の解決に向けた活動を行う研究者・実務家を応援するプロジェクト。ウェブサイトはhttp://www.mitsu-bu.net

注4：ながはま0次予防コホート事業
京都大学と長浜市、市民団体の協力で進められている事業。市民から集めた健康情報を統合して解析、病気の原因や老化のメカニズムの解明、医学の発展と市民の健康づくりへの貢献を目的とする。

注5：世界市民会議【World Wide Views】
地球全体の課題に対して世界中の市民の声を届けることを目的として、デンマーク技術委員会（DBT）の呼びかけで二〇〇九年に始まった試み。それぞれの国で一〇〇人の市民参加者を募り、世界同時に共通手法で議論する。ウェブサイトはhttp://www-japan.net

注6：「大学1.5」
大学の教職員や学生の有志が、地域の人びとがもっている知識や技能、自然環境を活用しつつ、市民の学術研究（者）に対するニーズを掘り起こしながら、開かれた学際的な研究活動を継続的に展開していくこと。

つながりを研究する
「つなぐ人」がもたらす価値

対談者
内田由紀子（京都大学こころの未来研究センター 准教授）
神里達博（千葉大学国際教養学部 教授／大阪大学COデザインセンター 客員教授／朝日新聞 客員論説委員）

司　会
水町衣里（大阪大学COデザインセンター 特任助教）

私たちの社会は、さまざまな「人と人のつながり」によって成り立っています。そして社会を支えるさまざまな仕組みの中にも、多くの専門分野のつながりが埋め込まれています。そのつながりは、いかにして生まれてきたのでしょうか。また、さまざまな分野をつなぐ人たちは、そのスキルをいかに身につけ、いかに活用しているのでしょうか。社会心理学と科学技術社会論という対照的な視点から「人と人のつながり」の意義や「つなぐ人」の育成を考える二人の研究者が、今後ますます重要になるであろう「つなぐ人材」について考えました。

対談者プロフィール

内田由紀子［うちだ ゆきこ］

専門は文化心理学・社会心理学。京都大学大学院人間・環境学研究科博士課程修了。博士（人間・環境学）。ミシガン大学、スタンフォード大学での客員研究員、甲子園大学人文学部心理学科専任講師を経て、2008年1月より京都大学こころの未来研究センター助教、2011年より同センター准教授。幸福感・他者理解・対人関係についての文化心理学研究を中心に行っている。著書に『社会心理学概論』（共編、ナカニシヤ出版 2016）、『農をつなぐ仕事　普及指導員とコミュニティへの社会心理学的アプローチ』（共著、創森社 2012）など。

神里達博［かみさと たつひろ］

専門は科学史、科学技術社会論。東京大学工学部化学工学科卒。東京大学大学院総合文化研究科広域科学専攻（科学史・科学哲学）博士課程単位取得満期退学。三菱化学生命科学研究所、JST社会技術研究開発センター、大阪大学コミュニケーションデザイン・センターなどを経て現職。2014年より朝日新聞オピニオン欄にて『月刊安心新聞』を連載中。著書に『文明探偵の冒険　今は時代の節目なのか』（講談社 2015）など。

司会　これまでの三回は分野や業界を実際につないでいる人をお招きして、つなぎ方の極意みたいなものをお聞きしてきました。今日は「つなぐ人」を研究対象としていたり、「つなぐ人」を育てようとしている、ある意味でつなぐ人たちが活躍する世界を俯瞰する立場にいらっしゃる方をお招きしています。八回にわたってさまざまな方にお話を伺ってきた最終回なので、「つなぐ人材」についての総まとめにできればと思っています。

内田　私は社会心理学という分野を専門としています。みなさん国勢調査などの調査を受けたことがあると思うのですが、それは「職業は」「同居者の数は」というような、非常にわかりやすい客観的な質問です。社会心理学ではそれよりもう少し心に関連するようなことを尋ねます。例えば「みなさん毎日どれぐらい幸せだと感じることがありますか」とか「隣に住んでいる人とどれぐらい交流がありますか」とか。最初の質問は心の状態をお伺いするもので、次の質問は日常生活の社会行動をお伺いするものですけど、両方とも私の分野ではとても大事な指標になります。他者とのかかわり合いの中で、どんなことを考えたり行動したりするのかを知りたいわけです。

心は心理学者だけが考えることじゃなくて、誰でも普段から「私の心って何だろう」「あの人の心は何かよくわからないなあ」などと、日々感じられていると思います。私の場合、そういった心の働きに加えて、それを支えている仕組みにも関心があって、例えば社会の制度とか集まりの場のつくり方、会社の中での人材の回し方や制度などにも関心をもっています。

司会　内田さんが出されている『農をつなぐ仕事』（注1）という本もその一つですね。

内田　これは私の仕事の中では珍しいタイプのもので、実は私は農業のことは全然わかりません。では何について書いているかというと「農をつなぐ仕事をしている人」についてで、その一例として農業地域をつないでいる農業普及指導員さんに焦点を当てて、どんな仕事をしているのか、どんなときに役立っているのかを考えました。

その答えをちょっとだけ言いますと、彼らは基本的に技術指導をしたり、実際に困っている農家さんがいれば出向いていって相談にのったりしています。例えば新しく農業を始める人に「こんな除草剤を使ったらいいよ」とか「ここはこういう野菜を育てたほうがいいよ」といった土地の利用の仕方を都道府県の職員として指導しています。また、彼らの仕事にはコーディネート機能といって農家同士をつなぐことも含まれます。農業の世界って互いにすぐに合意形成できるわけではなくて、土地の問題とか水の問題、あるいは先祖代々から引きずってきたしがらみとかが残っていたりするんですね。

農家さん同士をつなぎ、さらに例えば加工食品の販売の人とかレストランを経営する人とかをつないでいくと、農業にもどんどん広がりが生まれます。それによって農家の人たちの幸福度や生活も向上していく。この本にはさまざまなデータをもとに、いかにつなぐ仕事が大事かというエッセンスが詰め込まれています。今日はこのつなぐ人が実は農業だけではなく、会社の中とか学校とか病院とかいろんなところにいて、それぞれいろんな役割を果たしているんじゃないかなということを考えられればと思っています。

司会　神里さんの「つなぐ仕事」を考えるきっかけは何だったのでしょう。

神里　私自身を振り返りますと、子どもの頃から境界領域にいる人間でした。最初に悩んだのは高二ぐらいのとき、理系か文系かの選択でした。結局は決めきれず、とりあえず理系に行き、その後は工学部の化学工学という分野に進んだのですが、どうも人と違うことをやりたくなる性質で、一九九〇年当時はバイ

オテクノロジーが非常に注目されていたので生き物を扱う研究室にいきました。ところがそこでのバイオの実験というと、ガラス容器を洗って細菌を培養し、その溶液を取り出してから、容器に入れてあたためてまた洗って……の水仕事の繰り返しです。その作業にもどうも違和感をもち始めた頃、ちょうど研究室にワークステーションが入ったので、それを使ってバイオインフォマティクス（注2）をやってみようと思ったのです。ところが、研究がおもしろくなってきたところで担当の教授が退官されたため、道半ばで卒業しました。

その後、あれこれ悩んだ末、科学技術庁に入りました。二年目には原子力安全局というところに配属されたんですが、ここでの公務員の仕事も自分には合っていませんでした。それでもまだ二〇代半ばだったので、やり直そうと、役所を辞めまして科学史・科学哲学分野の大学院に入りました。もともと歴史が好きだったこともあり、「江戸の養生論」をテーマに江戸時代の医学、特に健康と食の関係を研究しました。この学問もなかなかおもしろかったんですが、やはりおもしろいだけじゃなかなか食っていけないということにある時、気づきまして、今度はもう少し社会的なニーズが大きい研究をやろうということで、「食」とも関係のある、一九九九年当時、社会問題になっていたダイオキシン（注3）に着目して研究を始めます。

ところが、そのうち狂牛病（ＢＳＥ）（注4）に関心をもってしまいまして、その研究も始めます。九〇年代にヨーロッパで大騒ぎになっていた狂牛病に対して日本は全く無関心だったんですが、私は広がりやすい病気だからきっと日本にもやってくる、そのときはパニックになるだろうと思って論文を書き始めていました。そうしたら二〇〇一年九月一〇日、本当に日本で狂牛病が発生しました。私の論文が載った雑誌が出たのがちょうど三週間後の一〇月頭で、そこからが大変でした。社会の反応は予想以上で、その翌日から次々とあらゆるメディアから取材の電話が入るようになり、あっという間に私は狂牛病の専門家ということになってしまいました。

私は驚くと同時に、「これはやばい」と思いました。というのも、取材に来たメディアの方から、「生命科学的な意味での狂牛病の研究者やリスク研究の専門家はいるけれど、狂牛病が社会的にどんな意味があって、どのぐらい警戒しなくちゃいけないか、そして私たちは何をすべきか、といったことをトータルに教えてくれる人は他にいないんですよ」と言われたからです。逆に言えばこんな若造に頼らないといけないほど社会に人材がいないということ。ちょうどその頃に科学技術社会論という学問が出てきたのを知って、医療、環境、エネルギーの問題をはじめ私たちの生活に入り込んでいるさまざまな科学技術と社会の相互作用について考えるようになりました。

私はあまのじゃくなので、ついつい少数派の側に立ってやってきたんですけれども、どうもその結果、集団全体、あるいはシステム自体を客観視する癖がついたようです。

司会　そういう経験があったから「科学技術と社会を架橋するのは誰か」を掲げるＳＴ·ｉＰＳ（注5）の立ち上げにも関わることになったんでしょうね。

神里　そうですね。私の中でずっと抱えてきた問題は、幸いにして、案外普遍的なものだったのかもしれません。

専門家とは誰か？

内田　私も「専門家の立場から教えてください」と言われることがありますが、専門のことを話すことと、それを一般の人にわかるようにきちんと伝えることとは全然別問題だったりしますね。伝えるということにおいて研究者＝専門家かどうか。

神里　三・一一のとき誰が専門家なのかということが大きな問題になりましたね。あのとき原子力の専門家、放射線の専門家という人たちがたくさんテレビに出てきましたが、科学的には「一〇〇ミリシーベルト以下の放射線量の健康影響についてはわからない」というのが一番正しいのに「一〇〇ミリシーベルト以下は大丈夫」と言った方が結構いて、社会に波紋が広がりました。

学問というのは本来、イデオロギーとか政治を乗り越えるためのツールであるはずなのに、いつのまにか学者自体がそれに左右されていたわけですね。もちろん政府も見解を出しますから、そういう意味では政府見解が一つの軸にはなるけれども、社会的にどの話を信用していいかわからないということが起こってしまった。

内田　実は私も三・一一の後に新聞やテレビなど報道関係の方々、一〇〇人以上にアンケート調査をしたことがあるんです。自分たちが書いた記事や報道内容に関してどれぐらい理解していたかという質問も入れていたんですが、三五パーセントほどの方が原発事故を完全にわかりきらないままに記事を書き、そのことに対して非常に不安を感じていたということでした。あのときは科学担当の記者だけでは賄いきれなくて、文化部や社会部の記者も現地に動員されて取材をしたけれども、もともと原子力とは何かが誰もわからない状態であわてていろんな専門家に聞き、その専門家の立場も発言も、本当に正しいかどうかはよくわからないままに書いてしまったというような聞き取り結果もありました。そしてそれがメディアの方にとってもトラウマティックな経験になっていることがわかり、根深い問題であるとともにそこに問題の本質が潜んでいるのかなと思いました。

司会　狂牛病や原発をはじめいろいろな科学技術をめぐる問題を解決するのに、一つはメディアに関わる人材の問題があるということですが、どういうフィールドで活躍する人を育てるべきかなど、もう少しほかに切り口は考えられますか。

神里　東京大学大学院の工学系研究科原子力国際専攻は、日本の原子力研究のいわば「総本山」とも言えるところです。私は、そこが資金を獲得したプロジェクトに加わったことがあります。三・一一の三年前、二〇〇八年のことです。そこで考えられていたのは、原子力はすばらしい技術なのに社会的に信頼がなく、こわがられてなかなか受け入れられないということで、文系の研究者も巻き込んで社会に浸透する道を探ろうということでした。そこで私は原子力を推進する方々と直接、議論を重ねたんですが、なかなか話がかみ合わずすごく苦労しました。

そこで私が考えたことは、やはり学生を教育することとでした。ただしその方法として、原子力の開発をしてきた先生に教えられるだけだと視野が狭窄するだろうと思った。そもそも日本では、原子力というものがどういう技術かとか、核ミサイルや核兵器ともつながっているという当たり前のことを意識していない人が多いですね。あくまで原発という平和利用でしか考えていない。ところが世界で原子力といえば核ミサイルや核兵器など核がベースで、そういうものが国際交渉とつながっているし、政治的な問題以外にも健康の問題、差別の問題、廃棄物の問題などいろんな問題があるわけですね。

そうしたことも含めて教育をする。あなたたちが原子力の技術者としてやっていくのは別にかまわないけれども、普通の技術開発じゃないんだよということを教育するプログラムをつくることを私は考えたんですね。そこでアメリカの大学、UCバークレーと共同で国際サマースクールを企画し、世界中からいろんな先生を呼んできて二週間近く泊まりがけで議論したり、すごく挑戦的なことをやりました。さまざまな軋轢もあって大変でしたけど、そんなことをやりながらとにかく分野を乗り越えて考えることができないと、これからの社会はもたないな、という圧倒的な危機感を抱きました。

社会の「タコつぼ化」を防ぐために

司会　こころの未来研究センター（注6）でも、各専門家が自分の分野を越える取り組みをされていませんでしたか。たしか「ダイアログＢＡＲ」（注7）という名称だったかと。

内田　心理学の中でも今は何々心理学、何々心理学と細分化されていて、タコつぼ化といいますか互いのコミュニケーションがあまりなかったりすることの問題が指摘されているんです。でも心の問題って本当は心理学だけのものでもないし、コミュニケーションとか科学技術とか、いろんな分野で心を考える時代になっています。かつて心の話は横に置いておくのが主流だった経済学の分野でさえ、幸福度や感情を扱うようになりました。ノーベル経済学賞をとったダニエル・カーネマン（注8）という人は心理学者ですね。心の問題は本当にいろんなところに関係しており、「心を扱うのは心理学だよね」という既成概念を乗り越えたかったんですね。

それは学部という大きな枠の中では難しいのかもしれないということで、小さくても心をさまざまな側面から考える組織としてできたのがこころの未来研究センターで、研究者の中の相互作用だけではなく、周りの人も巻き込もうということで試みたのが「ダイアログＢＡＲ」でした。それはどんどんつながりながらやってみましょう、しかも閉じずにオープンネットワークでやってみましょう、というものでした。

こころの未来研究センターは設立されてちょうど一〇年経ちますが、例えば経済学部だったら「何をやるところですか」とは聞かれないでしょうが、うちは「こころの未来って何をやってるんですか」と聞かれてしまう。しかしカテゴリーに分けたり枠をつくらないと物事が理解できないということ自体が、今の大学や日本社会が抱えている問題の一つではないかと思います。わかりあっている人同士は専門用語を使って話せるので楽ですね。一方で他分野の人と話をするときには、言葉をどう変換すべきかとか、これは客観的に見たらどうなのかとか、客観視がすごく難しい。そういう中では相手にうまく伝えるというコミュニケーションスキルも磨かれないですよね。

神里達博 氏

現実には三・一一があったりいろんなことが起こっていく中で、もう従来の枠組みじゃだめだという問題意識はかなりシェアされてきているかなとは思います。それが上手にできているかどうかは別問題だけれども。

神里　おおいに同意します。教育というものは、例えば算数の科目なら九九で掛け算をやった後にわり算をやって……というプロセスを積み上げていくことで初めて身についていきますよね。実は専門家のタコつぼ化はそういう真っ当な「積み上げ」の延長上にあると私は思っていて、アメリカの大学や社会でもこのタコつぼ化を「サイロ・エフェクト」（注9）といって指摘されているようです。結局、この問題は大学だけの問題でも日本だけの問題でもなく、近代というものがそうやってつくられているからなんですね。例えばサイロが三つであれば、結べばいいコミュニケーションの線は三本ですむけれど、サイロの数が少しでも増えると、急激に線の数が増えて、もつれてしまう。たぶん社会が複雑になり過ぎちゃっているのが本質的な原因ではないかと思ったりします。

内田　わかります。機能的にやろうとして、トップダウンにできなかったり、どこが意思決定をするかもよくわからなくなったり、うまく共有できなくて結局コミュニケーションロスとかコミュニケーションエラーが発生しているという状況がありますね。

司会　社会をいきなりフラットにはできないから、複雑でサイロがたくさん立った中で何とかうまく生きていかなきゃいけない。そのためにはどうしたらいいですか。

内田　こころの未来研究センターは小さな組織なので、隣にいる人とも顔を合わせて「へえ、それはおもしろいね」なんてコミュニケーションを身近なレベルで交わせられる環境で、ある意味このスケールと機動力を生かして成功している面があります。

その中で最近思うのは、これまでの共同研究とか学際研究はみんなで論文を書いて本にするという出口を揃える方向に動いてきましたが、そんなに出口にこだわらなくてもいいのかもしれないということです。同じフィールドで研究をするというように入口を共有したときに、最終的な出口として社会福祉の先生だったら認知症予防トレーニングの開発を、私だったら科学論文を書く、というように、同じ材料を共有しながら専門分野が違えば出口がさまざまに違っていてもいいのではないかと。

内田由紀子 氏

耳学問的にインプットしたアイデア段階のものがアウトプットにつながるときもあります。例えば、横に認知症予防の専門家がいることによって「今まで幸福感の研究をやってきたけど、認知症って家族の幸福にとってものすごく大事なことなんだな」と気づいたことがありました。それが研究にすぐに反映されるわけじゃなくても、その気づきがいつかデータの解釈やアウトプットにつながったりする。そんな経験の中で、アウトプットよりインプットの部分を共有するほうが大事なのではないかと思うようになりました。

神里　入口を共有するというお話はものすごく新鮮ですね。もしかしたらメーカーのものづくりや役所の中のシステム、その他いろいろなイノベーションのシーンにおいても、すごく重要な示唆になるような気がしました。当たり前のように、今の社会はアウトプットを評価しますよね。入口を評価してくれることってあまりない。

内田　もしこれから評価システムが変わって入口の一番柔軟な段階で共有したアイデアが評価され、育てていくことができれば、出口を揃えるよりうまくいくような気がしています。

枠組みを変えること、構築し直すこと

司会　ところで、ＳＴｉＰＳの立ち上げにあたって、仕掛け人の一人として神里さんはどのようなことを考えておられたのですか。

神里　理工系の学生も社会に出て働くときには、当然技術だけで仕事をするわけではないので、いろいろな社会の役割の中でコラボレーションしたり、コミュニケーションをとったりしながらやっていくことが必要です。そういう訓練を学生のときにしておくと、これまでお話してきたようなサイロの環境をいかに変えていくかとか、枠組みを変えていくかというところで柔軟に対応できると思いました。

社会科学の分野ではその枠組みを「フレーム」と言います。人はこのフレーム、つまり額縁に絵や写真

をはめて見るのと同じですが、同じ絵でも切り取り方で全然見え方が違ってきます。しかし基本的に人間はいつも一つのフレームしか見えません。後ろを向いたらもう前は見えないわけです。だから自分では現実の世界をしっかり見ているると思っているけれども、実は見えているのは一つのフレームの中だけなんです。しかも私たちは知らないうちにそのフレームを固定化してしまっていることがあるから、それを解き放つ必要もでてくる。それには社会科学や人文科学はじめいろんな分野で考えられてきたことをもとに、自分のフレームを崩したり再びつくり直したりしてみることを、学生のうちにやっておくのがいいんじゃないか。それが私の中でＳＴｉＰＳの一番の軸になったと思います。

司会　それはいろんな人と入口を共有する経験をもつということでしょうか。

神里　他者との共有はまだそんなに多くはできていないけれども、まずはものの見方の切り口を変えてみよう、というのが、自分の中では軸となるテーマでした。

内田　フレームも大事だと思います。例えば卒論で、電車の中での援助行動、つまり人は電車の中でどれぐらい席を譲ったりして周りの人を助けるか、という行動を研究したいという学生がいるとします。するとその研究は心理学でやることもできれば、法律とか制度、運動科学の分野からアプローチすることもできるでしょう。援助行動という一つのキーワードを、まさにいろんなフレームで見ることができるのです。そういう中で「これが自分のフレームだ」と思えるものが生まれれば、それがアイデンティティにもつながる。

専門家を育てる場合、どこかで自分の核となるものはこれだと思えるものがないとやはり難しいと思っています。先にお話した農業普及指導員さんの例で言うと、農家を回って「こうしたらいいよ」とか「あの人と組んでみたらどう」などとうまくアドバイスできるのはなぜかというと技術力があるからです。農業技術を核として、それを伝えるのに加えて技術以外のことでもサポートしてくれるというところが大事。たまに「地域ネットワークをつくりにきましたよ」というような人が農業地域などに現れることがあるけれど、まず何者であるかがはっきりしないと何を相談していいかわからなかったりして逆にうまくいきません。

神里　つなぐだけの人材を育てるというのはなかなか難しいだろうということですね。ＳＴｉＰＳの話で言うと、物理学とかエネルギー問題とか電子工学とか、理工系の学生にはそれぞれの専門があります。その専門をしっかり学んだ上で副専攻としてＳＴｉＰＳというプログラムに参加することで科学技術と社会の間の問題を理解するとともに科学技術コミュニケーションを身につける、というのが主な立て付けになっています。

ただ、なかなか難しいのは研究の現場はみんなタコツボ的で「サイロ」なので、放っておくと教員は、自分のサイロにどうやって学生を引っ張りこむかということをつい考えてしまう。そこをどう乗り越えていくかが常に問題になるところです。

内田　そのほうが楽で、安全ですからですね。

神里　本当は、今の時代は何が安全かはよくわからないんですけどね。ともかく、専門性とコミュニケーションのバランスは大変な難題だと思います。サイロを乗り越えていくのは体力もいるし時間もかかるし、私もまだはっきりした答えはでていないのですが……。

「つなぐ人」を生み出す制度

司会　これまで三回にわたって伺ってきた「つなぐ人」たちのお話を振り返ると、やっていること自体が楽しいからとか後世への責任感からとか、その動機はそれぞれにユニークなものでした。

神里　ただ同時に、普通の人が普通に暮らす中で自然につなぐことができるようにならないと、だめだと思うんですね。

司会　それはつなぐ人材を育てるのとは別に、制度を変えるということですか。

神里　例えば、私たちの話を聞くためにここに来ていただいているみなさんは、いろんな条件や状況を「突破」して来てくださったわけですね。どうやって突破したかはともかく、少なくとも残業をせず、家で子どもの面倒をみることもなく、そもそもここまで来られる健康と経済力をもっていること。実はこれが案外大変なことであり、このような公共空間をもてるのはすごく贅沢なことなんです。

残業をはじめ諸々費やされている時間を自分のプライベートな方向に取り戻さないと、こういう場でみんなで自由に議論することもできない。結局、いろんな活動において今の私たちはのりしろといいますか、緩衝材的な部分を使わないとサイロを乗り越えるなんてことはとてもじゃないけど考えられません。そういう意味で、制度を整えることはすごく大事じゃないかと思います。

内田　たしかに仕事も個人の意思だけに任せてしまうと、やる人とやらない人ができてきて社会が批判し始めるんです。やる人に対して「何でわざわざそんなに先のことまでやるのか。もっと目の前のことをやれば」となる場合もあるし、その逆もある。そうならないためには、制度をつくるのが大事なことです。

神里　それは役所がつくるという意味では必ずしもないけれども、社会として新しいルールをつくったり、街のデザインをすることはすごく重要ですね。東京のデザインは失敗しちゃっていますが、むしろ他のもう少し小規模な都市のほうが、可能性があると思っています。

内田　オフィスの設計を変えるというのもその一つですね。また、新たな職業や役割をつくるのも一つの手かと思います。病院にいるソーシャルワーカー（注10）も、医者と患者と看護師とかの間でつなぐ仕事をしている人たちです。もちろんちゃんと肩書きに見合った専門のトレーニングも受けている。

司会　肩書きと立場と権限みたいなのがセットということですか。

内田　権限といいますか、要は何者かがわかればいいんですよ。つながりをつくろうとするとき、何者かわからないと怪しまれるんですね。ソーシャルワーカーも歴史的には浅い仕事ですが、大体こういう仕事の人なんだという認知度が高いことが大事です。心理学の分野でいうとスクールカウンセラー。今は学校に普通に定着していますが、かつてはいなかった人たちです。

神里　あれは河合隼雄（注11）さんが尽力されたものですね。

内田　何か整うことで変わっていくことっていくらでもある。それが制度化という仕組みだと思います。もちろん制度に縛られることや頼ることもなくフリーでやれますという人がいてもかまわないと思う。ただ、みんなが目指していける方向として、大学の中で育てようとか専門学校で育てようとなると、制度の援助はある程度必要だという気がしますね。

神里　すごく原始的なところにさかのぼると、つなぐ仕事をする人は顔役（注12）とかブローカーとか昔から必ずいろんな業界に自然発生的にいて、ときにはちょっと怪しい場合もありますが、とても大事な仕事

をしてきました。「○○さんに頼んだら何とかうまくやってくれる」といわれる人ですね。そういう能力とかチャンスをもった人がもともと私たちの社会にはいて、それなりに機能してきたけれども、彼らは公式な場面にはあまり出てこない。そういう人をどう考えるかというのが、最近、個人的によく考えていることです。

内田　研究しにくいことですけど、すごくおもしろいと思います。

神里　ありがとうございます。不思議なのは、そういう人たちのおかげで実は組織が保たれてきたということが気づかれていないことが多いこと。その人が定年退職したり異動したりした途端に、職場がぎくしゃくしてコミュニケーションが取れなくなったなんてことがよくあるんですよ。実はその人がすごいキーマンだったと後でわかる。

内田　そういうことはよくありますね。

神里　「つなぐ人」にはいろんな方法やレベルがある。それはとても普遍的な話で、急に湧いた話でもないと思います。ただ一方で、私たちが生きている社会はちょっと洒落にならないくらい専門家と社会とのコミュニケーションが破綻している部分があるので、これをどうするか。その一つの突破口は、やはり制度を整えることかと思います。内田さんも注目されているような農業普及指導員やソーシャルワーカー、スクールカウンセラーといったつなぐ役割を担う人をもっと制度としてつくっていくこと。加えて、ここに集まっておられるような、みんなが自由に議論したり考えたりできる、豊かな時間と空間を取り戻すための制度づくりも大事ですよね。

司会　ありがとうございました。

注

注1：『農をつなぐ仕事――普及指導員とコミュニティへの社会心理学的アプローチ』
二〇一二年一一月に創森社より出版。内田由紀子・竹村幸祐著。

注2：バイオインフォマティクス【bioinformatics】
遺伝子やたんぱく質の構造など生命がもっている「情報」を分析することで生命について調べる分野。生命情報学。

注3：ダイオキシン【dioxin】
塩素で置換された二つのベンゼン環をもち、類似した毒性を示す物質の総称。塩素を含む物質が不完全燃焼した際に発生する。

注4：狂牛病＝BSE
牛海綿状脳症の通称。脳などの神経細胞が死んで空洞ができ、スポンジ状になる牛の病気。罹患した牛を食べた人も中枢神経疾患が引き起こされることがあるため社会問題となった。日本では二〇〇一年九月に千葉県で疑いのある牛が発見され、牛肉を扱う食品・飲食店業者・外食産業に大きな打撃を与えた。

注5：STiPS＝「公共圏における科学技術・教育研究拠点」
大阪大学と京都大学の連携による人材育成プログラム。詳細は間奏の注8を参照。

注6：京都大学こころの未来研究センター
心理学、認知科学、脳科学、人文科学等、異なる学問領域の研究者が集い、こころに関する総合的研究を推進する拠点として二〇〇七年に発足。ウェブサイトは http://kokoro.kyoto-u.ac.jp

注7：ダイアログBAR
アイデアの共創と開かれた議論の場をもつことを目的に、二〇一三年、京都大学こころの未来研究センター主催で開催されたイベント。

注8：ダニエル・カーネマン【Daniel Kahneman】（一九三四－）
経済学と認知科学を統合した行動ファイナンス理論およびプロスペクト理論で知られるアメリカの心理学者、行動経済学者。二〇〇二年にノーベル経済学賞を受賞。

注9：サイロ・エフェクト【silo effect】
サイロとは家畜の飼料を保存する円筒形の倉庫。窓がないことから、外界との接触が少なく、コミュニティが狭いさまをサイロ・エフェクトという。

注10：ソーシャルワーカー【social worker】
生活に困っている人びとに対して問題解決のための援助をする専門職の総称。

注11：河合隼雄（一九二八－二〇〇七）
京都大学名誉教授・文化庁長官を務めた心理学者。日本におけるユング研究の第一人者で分析心理学、臨床心理学を専門とする。

注12：顔役
仲間内で顔を知られ、勢力のある人物のこと。時に博徒の親分や幹部を指す。

終奏　モヤモヤとした悩みをともに
モヤモヤと考え続けることの意味

大阪大学ＣＯデザインセンターが発足して一年が過ぎました。その始動にあたり、私たちが取り組むべき教育の方向性として「高度汎用力」というキーワードが掲げられました。「高度汎用力」とは、未知で複雑で困難な課題の解決を先導するために、それぞれの学問分野を超えて、異なる専門分野同士をつないだり、専門分野の知識と社会を結んで考えたりする力、あるいは専門知識を使って実際の社会の中の問題や課題に取り組んでいく力、と表現することができます。しかし一年前の私たちには、その力が具体的にどのようなものなのか、その輪郭すら掴むことができていなかったように感じています。

そのような状況の中で、「大学の中」に閉じない教育をすると謳っているセンターなのだから、教育プログラムの方向性や内容についても、大学の中だけで考え続けることには限界があるのではないか。出来上がったプログラムを、大学を含む社会の中で展開するのではなく、むしろ、まだ確立できていない、生成中の教育プログラムや、知の技法を社会に開き、みなさんと一緒に考えてみたい。そうして始まった試みの一つが、大阪・梅田で開催したナレッジキャピタル超学校「対話で創るこれからの『大学』」シリーズ（二〇一六年一〇月～二〇一七年三月まで計八回）でした。

毎回、大学人のみならず、建築家、技術者、保育士、編集者、弁護士、デザイナー……と異なる分野の「社会を変える取り組み」で活躍される方々をお招きして繰り広げられた対談・鼎談は、仕事帰りの会社員をはじめ二〇歳前後の大学生から八〇代の方まで、毎回約四〇〜五〇名の老若男女の参加者を前に、フランクな雰囲気の中で行われました。

参加者から寄せられた反応のうち一番多かったのは、「大学も悩んでいるんですか」という驚きだったように思います。ご意見の中には批判的な意味合いもあったかもしれません。しかしそれ以上に、この不透明で不安定な社会において、何か新たな方策を模索せねばならないと考えている状況は、大学においても同様なのか、という共感を伴ったものだったように感じています。一般社会から見た大学のイメージは確固とした存在で、その教育の手法も確立された不動のものと思われがちです。しかし社会が急激に変化しているこの時代に、当然のことながら大学だけが旧態依然で良いはずはありません。そうした社会の変化に対応しうる教育とは何なのか。あるいは大学として、いかに社会の要請に応え、連携していけばよいのか。今の社会の中で、大学はどのような機能を担うべきなのか。そうした大学が抱えるモヤモヤとした悩みを、参加者にも一緒にモヤモヤと考えていただきながら共有した「場」と「時間」は、非常に刺激的で興味深いものとなりました。また、「大学とはこういうもの」という社会のイメージとは違った大学の姿、今まで目の当たりにすることがなかった今日的な大学の姿勢を、参加いただいた一般の方々と共有するという意味でも貴重な機会でした。

残念ながらこの取り組みによって大学のこれからのあり方や方向性について、はっきりとしたものを提示できるところまではまだ至っていません。それでも、これからの大学に向けての新たな一歩を踏み出したものとなったと考えています。

知の生産のプロセスを共有する場

それぞれの対談・鼎談の中には、大学の営みをめぐって私たちが今後さらに考えを深め、成長していく上での萌芽ともいえる、貴重なキーワードなりアイデアの種が随所に埋め込まれています。それはナレッジキャピタルという大学を離れた場で、年齢も職業も違うさまざまな立場の方々を前にして、それぞれの分野の専門家同士が真剣勝負で繰り広げた、予定調和ではない対談・鼎談だったからこそ紡ぎ出された言葉であり、生まれたアイデアだったとも言えます。実際、登壇した方々は司会者も含め、相手の話を聞いたその場で「この言葉や話は一体どういうことを意味しているのだろう」などと頭をフル回転させ、思考を巡らせながら、言葉を紡ぎ出していったわけです。それは対談・鼎談後、登壇者の方々からの「こんな予定外のことまでお話するとは思ってもみなかった」というリアクションからも伺えました。

そうしたことを踏まえて、あの場で行われていたことは、ある種の「知の生産」であり、交わされた言葉の数々は「知を生産するプロセス」だったと言えるのではないでしょうか。会場にいらした方々は、登壇者の対話を聞くという間接的な形ではありますが、知が生産されるプロセスを共有し、ともにさまざまに考えを巡らせ、他方、登壇者もそうした会場の反応を肌で感じながらお話を展開していかれたのです。

例えば、第一回目の対談（第1楽章1）の終わりに、馬場正尊さんが「今日はいいヒントをもらった」とおっしゃっていました。通常、ヒントという言葉は、単に知らなかった知識やアイデアを相手から得たという風に使われがちですが、ここでおっしゃったヒントとはそんな単純なものではないと思います。馬場さんは全く違う分野・立場である小林傳司さんから、きっとこれまで考えたこともなかったような話を聞き、その中で何か疑問を感じたり、インスパイアされたりしたことがあって、それをもとに対話の中でご自身の思考を深め、そこから生まれたアイデアを次の自分の取り組みへとつなげる——つまり、A＋BというA知識の足し算ではなく、A×Bという知識の掛け合わせをしてA＋Bよりもはるかに豊かで新しい「知」をつくるプロセスを体験されたのではないでしょうか。

その意味で、今回の対談・鼎談は、会場の人びとを巻き込みながら話を展開する新たな知の生産の場づくりとして、とても難しく緊張感に満ちたものであったと同時に、非常に刺激的で、司会者としてもその醍醐味を存分に味わえるものでした。こうした手法は、今後も新しい知の生産の形の一つとして有用なのではないかと考えています。

大学の役割の一つは自由な言論や議論を供給すること

一方で、明快な答えが速やかに求められる現代社会において、「大学の役割とは何か」とか「人が育つとはどういうことか」といった混沌としたテーマを掲げて対話や議論を重ねる取り組みは、ある意味において悠長と捉えられかねないものでもあり、また、贅沢な時間でもあります。

対談においても神里達博さん（第2楽章4）が、会場の目の前の人々に向かって「このような公共空間をもてることはとても贅沢なこと」だとおっしゃっていました。このような時代状況の中で、確かに多くの人が万障繰り合わせて時間を割いて集まり、すぐに答えが出ないようなテーマをめぐって議論や対話を重ねられることはとても贅沢な時間であり、社会をとりまく現状を鑑みれば批判されかねないことを私たちも重々承知しています。それでもなお、「それは贅沢だ、無駄だ」と評価するような社会が果たして良い社会なのか、と問い直すべき時が来ているのではないでしょうか。社会において組織はそれぞれ担うべき役割があり、その観点からいえば、大学が担うべき重要な役割のひとつは、自由な言論や議論を供給することです。すなわち大学は、世の中に横たわるさまざまな問題を問い直したり、一見、即効性のある効果がないように見える議論をつくりだし、議論し続けたりすることに責任を負っているとも言えるのです。

ここで注意せねばならないことは、この贅沢な時間を大学の中でしか享受できないような閉じたものにせず、社会の中に必要な時間・空間として確保することです。それは人が人らしくあるために不可欠な要素であり、こんな不透明な時代だからこそ、その時間や場を努力してつくりだすことが大学の責務であるということを痛感した対談・鼎談シリーズでもありました。

約半年におよぶ対話の企画を振り返って、参加者の方々には「今日はいろんなことを知った」とか「よくわかる話だった」とスッキリして帰っていただくのではなく、「面白かったけれど、今日の議論は一体何だったのかな」というようなある種のモヤモヤとした感覚をもって帰っていただくことの方が多かったと感じています。一方で、さまざまな事象が複雑に絡みあった今の社会において、たった一つのわかりやすい解などないこともまた事実です。それにもかかわらず、雑誌メディアの第一線におられる若林恵さん（第1楽章4）のところには、未来の形を尋ねる質問が多く寄せられるといいます。それに対して若林さんはすべての人に受け入れられることを望んだり、目先の利害の問題などに終始したりするのではなく、自らどういう未来をつくりたいかを思い描くことが大事だとおっしゃいました。それはニーズを読むのではなく、自らが主体となって社会を変えようという意識をもって、どういう製品を世の中に送り出したいかを考え続けている八木啓太さん（第1楽章2）の姿勢とも重なります。それは、答えは求めるものではなく自分でつくるものであるというふうに思考の転換をはかることでもあります。

対話の中に埋め込まれたアイデアの種

本書は、大阪大学COデザインセンターの設立一周年に向けて編まれました。先に述べましたように、その内容はまだ本センターの知の技法を明確に提示し確立するところまでは至っていませんが、萌芽期のものを、あえて萌芽状態のままに、さまざまなアイデアの種として残していく――そこに書籍の形にまとめておくことの意義があるのではないかと考えています。

また、対談集というと、一般に対談（鼎談）者と編集者だけで密室で行われることが多く、後に自由に編集の手を加えることができることが多いのですが、この対談企画は書籍化することを前提に公開で行いました。そのため、登壇者たちの言葉には通常の対談とは異なるある種の緊張感があったような気がしています。本書に語られていることは、聴衆を前にその反応を意識しながら一言一言吟味され、絞り出された言葉でもあったといえるでしょう。そうした公開対談の生き生きとした臨場感も行間から感じとっていただけることを願っています。

また、ナレッジキャピタル超学校のシリーズと並行して企画・実施しました大阪大学シンポジウム「新たな価値創造のモードと人材育成」においては、政治家、劇作家、技術者、まちづくりディベロッパーという多様なイノベーターにお集まり頂き、「パネルディスカッション：イノベーションをデザインする人材、ネットワークとは？」というタイトルで、今後COデザインセンターで育成すべき人材像やその方法論について議論しました。このパネルディスカッションの企画や議論の内容は、ナレッジキャピタル超学校の中で考え続けてきたこととも深く関連しているため、本書ではその内容も間奏という形で掲載しています。

本書を作成するにあたっては、たくさんの方々にお世話になりました。ここで一人一人のお名前を記すことはいたしませんが、改めて深く感謝しております。

特に、ナレッジキャピタル超学校「対話で創るこれからの『大学』」の実施に当たっては、辻邦浩さん（一般社団法人ナレッジキャピタル）、本田隆行さん（科学コミュニケーター）からたくさんのご支援を受けました。また、表紙・扉デザインを引き受けていただいた倉澤洋輝さん、当日の記録や写真撮影、編集作業の支援をご担当いただいた石川泰子さん、そして筆の遅い私達をあたたかく見守って下さった大阪大学出版会の川上展代さん、本当にありがとうございました。

そして何よりも本企画の趣旨に賛同頂き、お忙しい中ご登壇くださったみなさま、また当日会場に足をお運び頂き、濃密な時間をともに過ごさせて頂いた参加者のみなさまのご協力がなければ、本書を世の中に送り出すことはできませんでした。深く感謝しております。ナレッジキャピタル超学校では終了後に、会場のみなさまのご意見を募り、「社会人とはどういう人を指すのか」、「より良い社会、より豊かな社会とはどんな社会か」など、アンケートも含め多数の質問を頂きましたが、時間と紙幅の都合上、その質疑応答を十分に掘り下げたり紹介したりすることはできませんでした。会場のみなさんが気にかかった発言や言葉などをもう少し踏み込んで見つめる時間や機会をもつことは今回の企画の反省点の一つであり、次のステップへの課題にしたいと思います。

今後も大阪大学ＣＯデザインセンターの取り組みに末永くおつきあいいただければ幸いです。

八木 絵香
水町 衣里

本書は、２０１６年度に大阪大学ＣＯデザインセンターが実施した９つの対話の記録を元に構成したものです。

９つのうち８つの対話は、ナレッジキャピタル超学校 大阪大学ＣＯデザインセンター×ナレッジキャピタル「対話で創るこれからの『大学』」シリーズとして行われたものです。これらの対話は、「第１楽章　知の協奏と共創」「第２楽章　異なる知の『つなぎ方』を考える」に収録されています。

残り１つの対話は、ＣＯデザインセンターの設立を記念して行われたシンポジウムの一部です。これは「間奏　イノベーションをデザインする人材、ネットワークとは？」として収録しています。

対話の概要は次の通りです（登壇者についての情報は対話イベント開催時のもの）。

ナレッジキャピタル超学校 大阪大学ＣＯデザインセンター×ナレッジキャピタル「対話で創るこれからの『大学』」

主催：一般社団法人ナレッジキャピタル、株式会社ＫＭＯ、大阪大学ＣＯデザインセンター

（第５回〜第８回については、共催：公共圏における科学技術・教育研究拠点（ＳＴｉＰＳ））

会場：ＣＡＦＥ Ｌａｂ．（グランフロント大阪 北館 ナレッジキャピタル１Ｆ）

第１回　社会の「公器」としての大学

日時：２０１６年10月17日（月）　19時〜20時30分

馬場　正尊（建築家／Ｏｐｅｎ Ａ代表取締役／東京Ｒ不動産ディレクター）

小林　傳司（大阪大学 理事・副学長）

第２回「技術」と「不満」のつなぎ方

日時：２０１６年11月17日（木）　19時〜20時30分

八木　啓太（ビーサイズ株式会社 代表取締役社長）

藤田喜久雄（大阪大学大学院工学研究科 教授）

第３回　学びが「生まれる場」の作り方

日時：２０１６年12月14日（水）　19時〜20時30分

小笠原　舞（合同会社こどもみらい探求社 共同代表）

小竹めぐみ（合同会社こどもみらい探求社 共同代表）

池田　光穂（大阪大学ＣＯデザインセンター 教授・副センター長）

第4回　未来を動かす人とテクノロジー

日時：2017年1月13日（金）19時〜20時30分

若林　恵（『WIRED』日本版 編集長）

平川　秀幸（大阪大学COデザインセンター 教授・副センター長）

第5回　一歩先の未来を描くために：異分野の視点や知を集める

日時：2017年2月2日（木）19時〜20時30分

江間　有沙（東京大学教養学部附属科学技術インタープリター養成部門 特任講師）

水野　祐（弁護士／シティライツ法律事務所 代表）

第6回　アイデアをかたちに：人類進化ベッドはこうしてできた

日時：2017年2月17日（金）19時〜20時30分

石川　新一（東南西北デザイン研究所 代表／環境デザイナー）

岩田　有史（株式会社イワタ 代表取締役／快眠研究家）

座馬耕一郎（京都大学大学院アジア・アフリカ地域研究研究科 研究員）

第7回　現場の枠を飛び越える：実践と政策のつなぎ方

日時：2017年3月1日（水）19時〜20時30分

相川　高信（自然エネルギー財団 上級研究員）

吉澤　剛（大阪大学大学院医学系研究科 准教授）

第8回　つながりを研究する：「つなぐ人」がもたらす価値

日時：2017年3月16日（木）19時〜20時30分

内田由紀子（京都大学こころの未来研究センター 准教授）

神里　達博（千葉大学国際教養学部 教授／大阪大学COデザインセンター 客員教授／朝日新聞 客員論説委員）

（司会・コーディネーター）

第1回〜第4回　八木　絵香（大阪大学COデザインセンター 准教授）

第5回～第8回　水町　衣里（大阪大学COデザインセンター　特任助教）

大阪大学シンポジウム「新たな価値創造のモードと人材育成」

日時：2017年3月23日（木）　13時～17時10分
会場：ヒルトン大阪
主催：大阪大学
企画：大阪大学COデザインセンター
後援：関西経済連合会、大阪商工会議所、関西経済同友会
協力：大阪大学　超域イノベーション博士課程プログラム

うち、本書収録部分はシンポジウムの第二部として実施した**パネルディスカッション「イノベーションをデザインする人材、ネットワークとは？」**での議論の内容です。

パネリスト
稲村　和美（兵庫県尼崎市長）
東浦　亮典（東京急行電鉄株式会社都市創造本部戦略事業部　副事業部長）
人見　光夫（マツダ株式会社　常務執行役員）
平田オリザ（劇作家・演出家）
小林　傳司（大阪大学　理事・副学長）
司会・コーディネーター
八木　絵香（大阪大学COデザインセンター　准教授）

「ナレッジキャピタル超学校」：
グランフロント大阪（大阪・梅田）の中核施設「ナレッジキャピタル」が大学や研究機関・企業と共に企画・開催しています。一般生活者と大学や企業、研究機関などさまざまな分野の研究者が一緒に考え対話するプログラムで、会議室での授業形式ではなく、開放感のあるカフェ空間でドリンクを飲みながら受講できるのが特徴です。
ナレッジキャピタルならではのプログラムとして、これまでにも「大阪大学」「京都大学iPS細胞研究所」「関西大学」「慶應義塾大学院メディアデザイン研究科」「国立民族学博物館」「大阪芸術大学」「JAXA」などと共同開催し、一般の参加者と研究者をつなぐ場と機会を提供しています。

対話で創るこれからの「大学」

発行日　2017年9月13日

監　修
大阪大学COデザインセンター

企画・編集
八木絵香　水町衣里

編集協力　石川泰子　本田隆行　森川優子
デザイン　倉澤洋輝
写真撮影　石川泰子

発行所
大阪大学出版会
代表者　三成 賢次
〒565-0871　大阪府吹田市山田丘2-7　大阪大学ウエストフロント
電話　06-6877-1614　　FAX　06-6877-1617
URL　http://www.osaka-up.or.jp

印刷・製本
株式会社　遊文舎

ISBN　978-4-87259-599-4　C0037